出会いの秘密がわかる結婚マーケティング

彼女はなぜ結婚できたのか？

yukichika amamura 雨村幸親 著

芸文社

はじめに

この本は「結婚マーケティング」という考えをもとに「あなたを最短距離で結婚に導く」ための具体的方法と考え方を説明します。「マーケティング」は広告の世界で利用されているテクニックで「あなたという”商品“をどうすればより多くの人に知ってもらい、そしてその価値を認めてもらえるか」という問題を解決するにはもってこいの解決策なのです。

この本を読むことであなたはこのようなことを知ることができます。

- あなたがなぜ結婚できないのか
- なぜ好きでもない人から好かれ、好きな人には好かれないのか
- なぜ出会いが少ないのか
- なぜ長期間だらだらと見込みのない恋愛に固執してしまうのか

・なぜ「結婚したい」といいながら、あなたは「結婚しない」ことを選んでいるのか
・どうしたら「理想の相手」を見つけることができるのか
・どういう人と結婚すれば幸せになれるのか
・あなたにとって「理想的な結婚」とは一体何か

もしかすると理性的なあなたにとって「結婚」や「恋愛」は厄介な問題かもしれません。たとえあなたがいくら仕事ができる女性だとしても、恋愛や結婚はなかなか仕事のようにはうまくいかないからです。

しかし、この「結婚マーケティング」を知ることによって、あなたの考えは一変することでしょう。この方法は単に「心を安らかに持てば理想の人と出会える」といった精神論を振りかざすものでもなければ、小手先のテクニックを弄するような恋愛ノウハウでもありません。

あなた自身を知り、あなたにとって最適な「結婚生活」を見つけるために「具体的にどうするべきか」「何を考えればいいか」を示すことができるのがこのアプローチだか

らです。

この本を読むたった50分の時間があなたの人生を変えるかもしれません。

さあ、今すぐ「結婚への扉」を開けてください。

Contents 目　次

第5章 恋愛から結婚へ……171

エピローグ……215

本文イラスト……………………ごとうひろこ
カバー・本文デザイン……永沼デザイン事務所

プロローグ

prologue

「あなた」という商品をマーケティングする

あなたの魅力を黙っていても見つけてくれる人が現れると思いますか？
あなたが特に何もしなくても、あなたをどこからか見つけ出し迎えに来てくれる。そんな出来事が起きれば最高ですね。しかし、残念ながらいつもそうなるとは限りません。あなたがどれだけ魅力的でも、あなたが本当に望んでいる相手があなたを見つけてくれるとは限らないのです。

これは世の中にあふれる商品とすこし通じるところがあります。よく「良い物を作れ。良い物を作れば必ずそれを認めてくれるお客さんが現れる」と信じて、ひたすら他社とは違う商品、ユニークな商品作りに奮闘している会社がごまんとあります。

しかし、ちょっとまってください。
「良い商品であれば黙っていても売れる」それは本当でしょうか？　それが常に正し

い答えではないことを示す有名なエピソードがあります。

あるセミナーで参加者が講師の人に聞きました。

「先生、うちで出しているハンバーガーはすごくおいしいんです。それなのになぜうちのレストランには人がこないのでしょう？　マクドナルドのハンバーガーなんかよりずっとおいしいのに」

それを聞いた講師は、参加者全員に質問しました。

「マクドナルドのハンバーガーよりも、自分がおいしいハンバーガーを作る自信がある人？」

そう尋ねると参加者の多くの人が手を上げました。

それを見て講師の人はさらにこう尋ねたのです。

「では、なぜあなた方はマクドナルド以上のハンバーガーショップを世界中で展開することができないのでしょうか？」

もちろん、商品自体の良し悪しは大切です。しかし「商品が良いから自動的に売れる」

わけでもないのです。あなたを商品に例えるのはちょっと問題があるかもしれませんが、あえて「商品」だと考えてみると、あなたがどれだけ良い商品だとしても放っておけば自動的に「売れる」わけではないのです。しかし、多くの人は自分が「売れない」（結婚できない）のは「商品そのものの魅力」「タイミング」「年齢」のせいだと考えてしまいます。


「私はもてないから結婚できない」

「私は異性と出会うチャンスがないから結婚できない」

「もう年齢を取りすぎたから結婚できない」


本当にそうでしょうか？

はっきり言いましょう。〝結婚できない〟というのは幻想です。

多くの人が結婚できない理由として「（忙しくて）出会う機会がない」「条件に合う人がいない」「年齢を取りすぎている」などを挙げますが、これは本当の理由ではないのです。確かにあなたの仕事は忙しいかもしれません。けれど全く自分のために使う時間が残っていないと言い切れるでしょうか？　友達と飲んだり食事をしたりする時間もないですか？　ぼんやりとテレビを見たり、ちょっと旅行に出かける時間もないでしょうか？

条件に合う人がいない？　ではあなたの「条件」に合う人というのは一体どういう人だと思いますか？　多くの人は「条件に合う人がいない」と言いつつ、その肝心な「条件」があまり明確ではありません。あなた自身が「自分の望んでいる相手はこういう人だ」という条件やイメージがないまま、相手を探そうとしてもそれは無理な話です。

これは例えると「なんとなくおいしい料理が食べたい」と言っているようなものです。一口においしい料理といってもその種類はさまざまです。あなたが「おいしい」と感じる料理はインド料理？　それともフランス料理？　魚料理が食べたいですか？　それともお肉の料理でしょうか？　あなた自身がどういうものを「おいしい」と感じるかを知り、明確に「どんな料理法が良いのか」が分からなければ、あなたが本当に食べたい料理を見つけることは難しいといえるでしょう。

さらに「年齢を取りすぎた」という理由も結婚できない理由にはなりません。もし結婚に年齢が関係あるのであれば、あなたが適切だと思う年齢の時にどうしてあなたは結婚しなかったのでしょう？　あなたと同年代の人で最近結婚した人はいませんか？

確かに結婚適齢期と呼ばれる「多くの人が結婚しなきゃと思う年齢」というものは存在するかもしれません。しかし、それも「結婚しなきゃ」と思うだけで、「結婚に適している」年齢ではないのです。18歳で結婚する人もいれば、60歳で結婚する人もいます。本質的にはあなたが結婚してもいいと考える年齢が「結婚に適した年齢」なのです。

確かにある程度の年齢になると周囲に既婚者が多くなり、結婚相手になりうる人が少なくなるかもしれません。けれどあなたは別に「100人の結婚相手」を探す必要はないのです。あなたが探している相手は「たった1人」です。あなたが今考えているように、世界中には同世代であなたのような相手を探している人はたくさんいますし、また年齢差があったとしても結婚には別に障害にはならないのですから。

こうして考えてみると「あなたが結婚できない理由」というのは決定的な理由ではありません。確かに困難な場合もあるでしょう。しかし「結婚したいけれど相手がいない」のではなく、多くの場合「結婚しない」ことをあなた自身が選択していることが多いのです。

唯一にして最大のあなたが結婚しない理由、それは「あなたが結婚したくない」のです。

あなたが今の「独身生活」というライフスタイルに満足していて、それを捨ててまで新しい生活を始めたいと思わないか、またはあなたの望むような相手が見つからなければ別に結婚する必要がないと思っている。それこそがあなたを結婚しないようにしている最大の理由であり、それが変われば結婚することはそれほど難しくはないのです。

しかし、だからといって「結婚したいと思えば、結婚できる」というのはあまりにも乱暴な結論です。いくらあなたが「無意識に」結婚しないことを選択しているとしても、気持ち的には「結婚したい」と思っているはずです。そうは思っていてもなぜ結婚したくないと思うのでしょうか？

ではもう一度考えて見ましょう。「あなたはなぜ結婚できない（したくない）」のか？

それは「あなたはどんな人と結婚したらいいか分からないし、その人をどうやって見つけたらいいか分からない」からです。この本ではその問題を解決するために「それぞれの商品の良さを見つけ、それを上手にアピールしてお客さんを見つける」技術である「マーケティング」を利用しています。

マーケティングという言葉になじみのない人も多いかもしれませんが、マーケティングというのは簡単に言えば「商品の良さを知ってもらい、多くの人に買ってもらうための技術」だと思っていただいてもかまいません。

商売をする人にとって「商品が売れるかどうか」はまさに死活問題です。いくら良い商品を作っても誰もその商品を知ってくれなければ、そもそも「買おう」とは思わないですし、たとえ商品を知っていたとしてもその良さを分かってもらえなければ誰も買ってくれません。ですから「商品をできるだけ多くの人に知ってもらい、そして商品の良さを理解して買ってもらう」ための技術は大変重要なのです。

考えてみればあなた自身も一種の「商品」です。あなたを商品に例えるのは多少気が引けるところがあるのですが、先ほどのマーケティングの説明をそのまま主語を差し替

商品を売るには

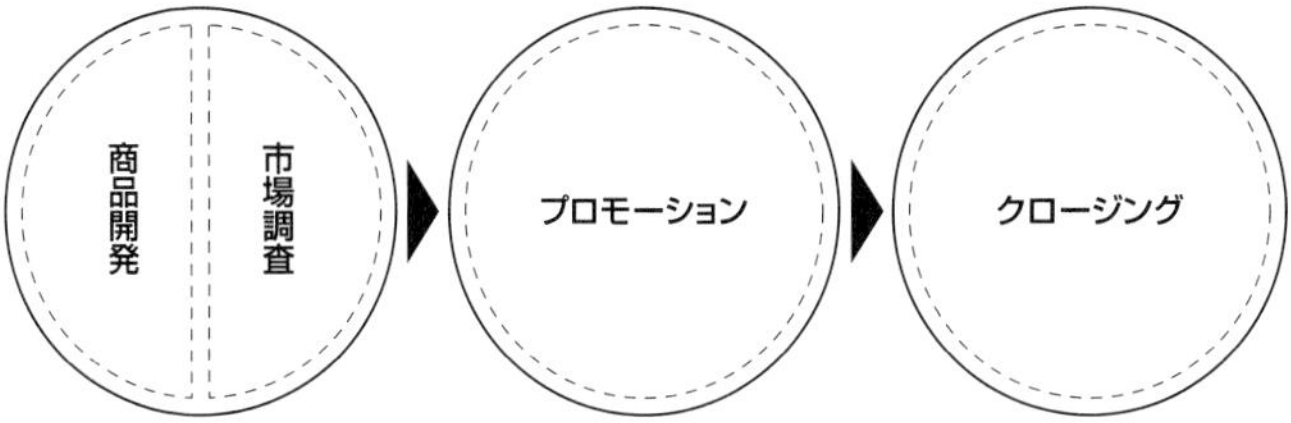

あなたの場合

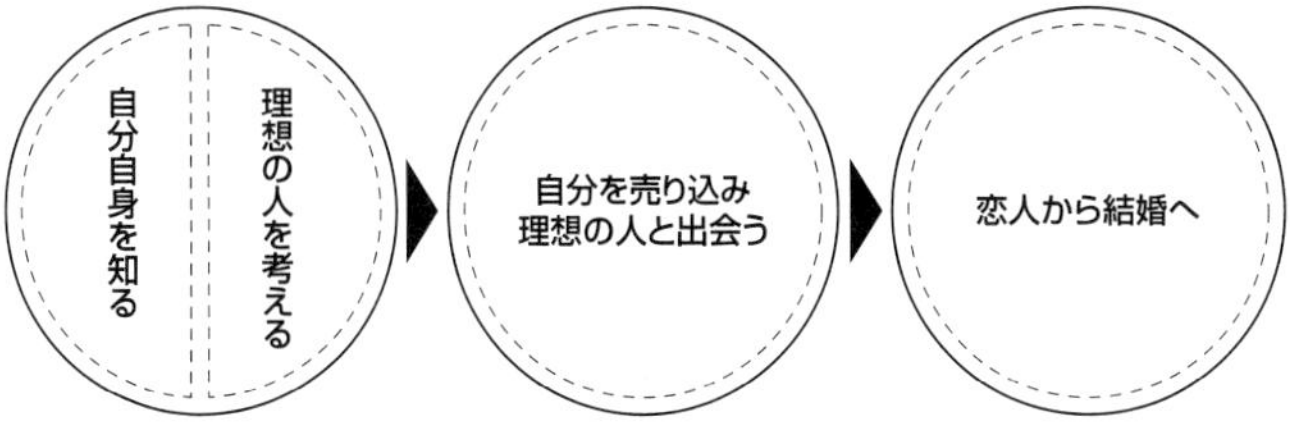

えてみると、その有用性が分かるはずです。

「あなたをできるだけ多くの人に知ってもらい、そしてあなたの良さを理解してもらって結婚する」

どうですか？　これこそまさにあなたの望んでいることのはずです。そしてそのためにはマーケティングという技術をあなたの恋愛や結婚に利用することで、もっと簡単で素早く「結果」を出せるはずです。

マーケティングは、「商品の良さを見つけ、どんな人がそれを買うのか」を考える商品開発・市場調査、「買いたいと思う人にアピール」するプロモーション、そして「実際に買ってもらい、良い関係を保つ」ためのクロージングという3つの段階に分かれています。この手順をしっかり踏んでいき、そのとおりに実行していけば、あなたはそれほど苦労することなく「結婚」にたどり着けるでしょう。

あなたが「結婚をしない」ことを選んでいるのは、「結婚」することでいろいろな問題が起こることを心配しているのです。しかし「自分が望む相手」と「自分が望むような結婚生活」をするのなら、いったい何が問題になるのでしょう？　自分自身の望みを知り、そして適切な相手を見つけることができれば、もはや「結婚しない」ことを選択する理由はなくなるわけなのですから。

繰り返します。あなたの年齢や容姿、生活環境は関係ありません。

ただやみくもに「願えばかなう」といった精神論に振り回されたり、「私ってダメなのかな？」と落ち込む必要はないのです。あなたに足りないのは「合理的な方法論」であり、それがこの「結婚マーケティング」なのです。

ではまず基本的な「結婚マーケティング」の考え方をご紹介していきましょう

結婚にも仕事にも「確率」がある

結婚でもっとも難しいポイントは「結婚相手は1人でいい」ということです。

もし「結婚相手が最低100人は必要」という世の中だったとしたら、おのずと効率的に相手を探す必要が出てきて、なかなかうまくいかない方法は自然に淘汰されることでしょう。

けれどなまじ「1人でいい」ために、まぐれ当たりや、とても非効率的な方法だとしても「こうして結婚した」という例の一つになり、それを鵜呑みにした人々が同じような方法を試して、なかなかうまくいかず悩んでしまうということが起こるわけです。

もちろん「偶然にうまくいく」ことが全く無理というわけではないでしょう。明日あなたはふとしたきっかけから、電車の中で運命の出会いを経験するかもしれませんし、明日自宅のポストに「忘れていた幼なじみ」からデートに誘う手紙が絶対届かないとは言い切れません。

しかしその可能性といえば「限りなくゼロ」に近いと言わざるをえないでしょう。そういう出会いも悪くありませんが、そういう出会いが来ることだけを待ち望み、何もしないでいると「待ちぼうけ」になってしまうかもしれないのです。

結婚も（そして仕事でも）極論を言えば「可能性をどれだけ高めるか」ということが大切です。

あなたが自分で「結婚しない」ことを選んでいるのではないのに、もし「結婚できない」と感じているとしたらその理由は大きく分けて三つしかありません。

一つめは「出会いはあるが、理想的な人と出会えない」という可能性です。

そこそこ出会いはあるし、それなりに付き合ってみたことはあるけれどなかなか「結婚してもいい」という相手に出会えないと思うのであれば、あなたの「結婚したい相手」

のイメージが間違っているか、あまり明確ではないというのがその原因です。

当然のことながら「あなたがどういう人と出会いたい」というイメージがなければ、あなたと出会う人は「何となくピントがずれている人」になってしまいます。このような場合はまず「自分はどういう人と結婚して、どういう生活を送りたいのか」をもう一度確認する必要があるでしょう。

二つめとしては「そもそも出会う絶対数が少ない」という可能性。

先ほども書いたとおり、あなたが出会う男性の絶対数が少なければ「結婚したいな」と感じる人と出会える可能性はぐっと下がります。当然のことですが1人としか出会わないよりは10人と出会った方がより「良い人」と出会える率が高まりますし、10人よりは100人の方が可能性が高いのは明らかです。

いくらあなたが魅力的だとしても、理想の人と一発で出会うというのはかなりの幸運に恵まれる必要があります。あなたが「理想とする人と出会う確率」を高めるには、それ以外の「あまり理想的ではない人」「どうでもいい人」との出会いも避けて通ることはできないのです。

最後の可能性は「恋人はいるが、結婚することができない」というケースです。なまじ恋人がいるために結婚できずに足踏みしている人は決して少なくありません。そして「いつかは相手が結婚に踏み切ってくれるだろう」と考え、頑張ってしまうためにかえって時間がずるずると経過してしまい、どうすることもできなくなってしまうのです。

もちろん、お互いの愛情を育てていくには時間が必要ではあります。しかし、時には「見込みのない恋愛」に見切りをつける必要もあるのです。なぜならあなたが結婚するまでに残された時間は決して長くはないからです。

誤解を恐れずに言えば「結婚は確率だ」ということができます。

マーケティングはもともと「100%のお客さんに商品を買ってもらう」ことを目的としているわけではありません。その商品の素晴らしさを知らせ、できるだけ多くの人に働きかけた結果、より多くの人に買ってもらう「可能性」を高めるための技術なのです。

これは結婚に関しても同じことが言えます。残念ながら結婚マーケティングは相手の心を自由に操って結婚に踏み切らせたり、狙った人を確実に射止めるような魔法の呪文ではありません。

あなたの良さを最大限にアピールする方法を考え、あなたという人を「求めている」人々の集まる場所を見つけ、その中からあなたの理想的な人と出会える確率を高めることが目的なのです。

ではまずはあなたの「理想の人」がどういう人なのかを調べていくことにしましょう。

第1章

あなたはどんな人と結婚したい？

Chapter 1

あなたを支配する四つの思い込み

これからあなたの「理想的な結婚生活」そして「理想的な結婚相手」を見つけるために必要な条件を考えていくのですが、その前にまずやらなければいけないのは「あなたが結婚に対して持っている思い込みを解決する」ことです。

あなたは今まで結婚に対して何も努力してこなかったわけではないはずです。人によってはかなりの努力をして新しい出会いを見つけようとしたり、自分なりに「理想的な結婚」について考えてきたことでしょう。

しかし、ではなぜそれがうまくいかなかったのでしょうか？

それは簡単に言えば「あなたの考えていた条件が間違っていた（またはうまく考えられていなかった）」からです。いくらあなたが「素敵な結婚をしたい」と思っていたとしても、その結婚に必要だと考える条件が間違っていたり、または「どのような人を探したい」という条件をあいまいなままにしていては、努力がなかなか実を結ばないことだってあるのです。

コンピューターの用語に「ガベージイン／ガベージアウト」という言葉があります。

これは「曖昧な条件を入れれば、曖昧な答が返ってくる」というような意味です。つまり「あなたが何を望んでいるのか？」をはっきりしなければ、当然「あなたが望んでいるモノ」は手に入らないということですね。

ところがこれが一番難しい問題です。なにせあなたは何十年も「自分」と付き合ってきています。だからこそ「自分はこうだ」と思いこんでいる部分が多いですし、自分のことは身近すぎて、かえって「一体何を望んでいるのか」が分かりにくくなってしまっています。

けれどこれが分からないと、道に迷ってとんでもない場所に行ってしまうのです。

例を挙げて考えてみましょう。

あなたは友達と待ち合わせをしてどこかの温泉に行こうとしています。軽快に車を飛ばして来ましたが、どうやら道を間違えてしまったことに気がつきました。さて、あなたはどうしますか？

もしあなたが「とりあえず車を飛ばしながら考える」という方法をとるのであれば、かなりの確率で「大変な事になる」ことを私が保証しましょう。なぜならあなたが車を走らせている方向は「まったく目的の温泉地とは逆の方向」かもしれないからです。

あなたが正しい道かどうかを考えている間にも、車は着実にとんでもない方向に進んでしまいます。そしてその先はUターンできない細い道かもしれませんし、もしかしたらものすごい遠回りをしなくてはいけない場所に着いてしまうかもしれないからです。

道に迷ったらまずは「止まって」本当に自分が向かいたい方向に進んでいるかを考えなくてはいけません。たとえその間は進めないとしても「とんでもない方向」に進むよりはずっとましです。なぜなら少なくてもあなたが迷いながら進む距離をバックする必要はありませんし、まだ正しい道に戻れる近道を通れる可能性があるからです。

この例でも分かるようにあなたはまずは「本当に行きたい方向に向かっているのか」を確認する必要があります。なぜならこの例のように、正しい道に進んでいると思っていても実は「道に迷ったまま」あらぬ方向に進んでいる人はびっくりするほど多いからです。

ともかく相手を見つけようとして、いろいろな出会いパーティーに参加したり、友達の友達を片っ端から紹介してもらったり…、自分の「求めている人」が分からないまま、力任せに進んでしまうと、かえって自分自身が混乱してしまいます。

もちろん、偶然に「本当に行きたかった所（相手）にたどり着く」可能性もないことはないでしょう。けれど「全然望んでいなかった所（相手）にたどり着く」可能性が圧倒的に多いのです（もしくはまったくどこにもたどり着かないかもしれません）。

こうして考えるとあなたの「結婚に必要な条件」を知る重要性が分かって頂けたと思います。ですからまずは落ち着いてあなたの結婚のために必要な条件を考えていくことにしましょう。考えなければいけないのは以下のような項目です。

・あなたの望んでいる結婚相手はどういう人なのか？
・一体どういう結婚生活を望んでいるのか？
・あなた自身はどういう人なのか？
・あなたにとって『適切な人』は一体どんな場所にいるのか？

これはマーケティングでは「商品開発」または「市場調査」と呼ばれる段階です。

当然のことですが自分が売ろうとしている〝商品〟のことがよく分かっていなければ、それを売ろうとしても無理な話です。商品である以上「買う人」がいる必要がありますし、その商品が「買いたい人の需要に合っている必要がある」のです。

とはいえ、あなたという〝商品〟は作り変えることができないので、少なくても「どういう商品か？」ということを知る必要があります。つまり「おとなしい」のか「活発」なのか、「寂しがり屋」なのか「意地っ張り」なのかを知らなければ、そもそも「どうやって売り込んでいくか」のプランがたたないわけですね。

さらに「そのような商品」を望んでいる人はどういう人なのか、そしてそのような人ができるだけ多くいる場所を知っておく必要もあります。いくらおいしいアイスクリームでもスキー場のゲレンデでそれを売るのは非常に難しいでしょう。商品によってもっとも売れる場所というものがあり、それを調べたり考えたりするのが「市場調査」と呼ばれるものです。

次からは、あなたが結婚に対して持っているであろう「四つの思い込み」をご紹介していきます。この思い込みの力はかなり強力で、前述のようにあなたを知らず知らずのうちにコントロールして、行き止まりの道へ追いやってしまうことがあります。ですからまずあなたの抱えている（であろう）思い込みを解決し、それからあらためて「あなたが本当に望んでいる結婚の条件」を考えていくことにしましょう。

第一の思い込み「細部にこだわる」

まずはあなたがもっとも惑わされやすい思い込み、それが「細部に惑わされること」です。

余談ですが、以前賃貸マンションを探しているときに不動産の営業の人が面白い話を聞かせてくれました。

カップルが部屋を探している時に、男性がなかなか決めかねている場合には「テラスがついている」ことをアピールするそうです。男性に向かって「ここはテラスが広いんですよ。夏なんかちょっと風呂上がりにビールも飲めますし、やろうと思えばバーベキューだってできます」と勧めるとかなりの確率で契約に持ち込めるのだそうです。

考えてみれば1年間で風呂上がりにビールを飲めることなんてほんの一時期だけですし、いくらバーベキューができるとしても（本当にできるのかどうかは別として）そうそう毎週のようにバーベキューをするわけではありません。

けれど家には興味をもてない男性というのは、そもそも「新しい家を借りて自分の生活がどうなるのか」をイメージできない人が多いのです。家というのはあくまでも帰ってきて寝る場所。インテリアなんてどうでもいいし、まあそこそこ新しくて家賃が安ければなんでもいいや…そんなふうに思っている男性に対して「具体的に楽しい生活がイメージできる」セールスポイントというのは魅力的に映ります。

間取りとかキッチンの使い勝手などはイメージできず興味がなかったとしても、「風呂上がりに夜景を見ながらビールを飲む自分」や「友達と楽しそうにバーベキューをしている自分」は容易に想像ができるというわけです。

つまり「容易にイメージができるからといって、あなたの理想だとは限らない」ということです。先ほどの例で言えば彼は1年間のほんの一時期だけ利用できる「素晴らしさ」のために、日常での大切な部分を「無視」したことになります。

しかし残りの90％以上は「普段の生活」なのですから、その「普段の生活」において大切な部分をより重視しなくてはならず、「ハデで目立つところ」はどうでもいいことが少なくないというわけです。

これは結婚相手に対しても同じことがいえます。あなたの考える条件は「90％以上の日常」に対して大切な条件ですか？

「面白い人」　確かにユーモアのセンスは大切です。しかし、「毎日あなたを笑わせる」ことがあなたにとって不可欠なことですか？　お笑いステージが毎日繰り広げられることを望んでいるのでしょうか？

「気前がいい人」　多分、2人が恋人同士である間はとても良い条件かもしれません。しかし、結婚した後には思わぬ形で跳ね返ってくるかもしれませんね。誰にでも気前良くおごってしまう人と生活費をともにするわけですから。

なんとなくネガティブなことばかり書きましたが、これらの条件が悪いというわけではありません。しかし、時として「恋人としては良いが結婚相手としては良くない」条件を混乱してしまったり、なんとなく今まで友達と「こんな人いいよね」と話し合っていた内容を、信じ込んでしまっていることも珍しくないのです。
あなたが「普段の生活」でもっとも大切にしている条件はなんでしょう？
欠かしてはいけないことは一体なんですか？

第二の思い込み「結婚相手だけにこだわる」

さて、細部に惑わされることがなくなったら、次に考えるべきこと、それは「結婚相手にこだわる」のではなく、「そもそもあなたは結婚に何を求めているか？」を考えなければいけないということです。

当たり前のことですが、理想的な結婚相手を求めるのは「理想的な結婚」をするためにです。いくら結婚相手が良くても、結婚生活自体がうまくいかなければ何のために探しているのか分からなくなりますね。

逆の言い方をすると「理想的な結婚相手」というのは「理想的な結婚生活を送れるために必要な相手」だということです。ですからそもそも「どういう結婚生活を送りたいか」という内容により、求める相手が変わってくることだってあるのです。

しかし、この「理想的な結婚生活」を考えるのは結構難しいものです。

例えば「いや別に難しい条件があるわけじゃなくて、穏やかで平穏な結婚生活が送れればいい」という人がいますが、「穏やか」ってどういうことでしょう? 喧嘩をしないという意味でしょうか? それとも経済的に不安がないという意味?

「平穏」というものは「刺激がなくてつまらない」と感じる人もいますが、あなたにとっては「刺激よりも平凡さ」が大切ですか? それとも「平穏」だというのは「ある程度の驚きや刺激はあるけれど、悩んだり苦しんだりしない」という意味なのでしょうか?


結婚生活は独身に比べて多少「不自由」なものです。1人で暮らしていればいつ寝ていつ起きてもだれにも文句は言われませんが、一緒に暮らしている人がいればそれなりに気も使わなければいけなくなります。けれどそれを踏まえてあえて結婚したいと思っているからには、少なくてもそのような「自由」を犠牲にしても(というと大げさですが)余りあるメリットがあるから結婚したいと思っているはずなのです。そういう意味でも、そのメリットの中でも重要なポイントを知っておくことはとても大切なことです。

このメリットは人により考えはさまざまです。「とにかく夜そばにいてくれて寂しい気持ちにならない」ということが大切な人もいますし、「私のことを褒めたたえてくれて、勇気づけてくれる」人が必要な場合もあるでしょう。

ともかく「少なくてもこういう条件が満たされているべき」という結婚生活の最低条件を考えておくことは大切なことです。あなたがたとえ「見た目重視」で理想の結婚相手を選ぶとしても、「最低限、結婚生活で満たされるべき条件」を満たしていない人を見つけてしまっては、結局すばらしい結婚生活を送ることは難しくなってしまいます。

ですから「最低限ここまでは結婚生活に望む」というラインを決めておいて、それが満たされているかどうかを考えながら、理想的な相手を探した方がいいでしょう。

第三の思い込み「自分自身への縛り」

さてあなたの「理想的な結婚」を考えようとするととらわれやすい「思い込み」として、こういう人でなければ自分の相手ではないと考える「相手への縛り」が挙げられます。たとえば「私は○○歳だから同じくらいの年齢の人じゃなければ」とか「自分はバツイチだから相手もバツイチじゃなければ」のように自分の結婚相手（または結婚そのものを）制限する条件が〟縛り〝なのです。

もちろん、あなたにとってそれがポジティブで大切な条件ならば仕方がありませんが、時には理由もなく自分自身を「縛ってしまう」ことも少なくありません。よく考えてみるとそのような「縛り」を設ける必要は何もないのですが、いわゆる「世間の常識」（もちろん、あなたがそう考えているだけで、実際にみんながそう考えているかどうかは別ですが）や「最近、結婚に失敗した友達」の体験談などから、次第にあなたの心の中には自分を制約する「縛り」が生まれてくるものです。

そのような「自分で無意識に考えている縛り」を解くのは容易なことではありません。しかし、あえてそれを意識するためには例えばこんな例を考えてみると分かります。

「今もし1億円あったとしたら『結婚相手の条件』は変わりますか？　またはあなたが今20歳だとしたらどうでしょう？」

このような状況を考えて条件が変わるのであれば、何らかの「縛り」があなたの心の中にあるのかもしれません。

私たちは結婚に多くのことを求めています。もちろん「生涯一緒に暮らしていくパートナー」や「ずっと離れない永遠の恋人」という側面もあるでしょうし、「経済的に支えてくれる人」「自分の欠点を補ってくれる人」などという現実的な面もあります。

しかし、そのような「必要な条件」ではなく、逆に自分が「こうでなければ受け入れられないだろう」という制約（縛り）を自らに課してしまう人もいます。

「私はもう〇〇歳だから、相手もそれ以上じゃなければ」「私はバツイチだから、相手もバツイチの方がいいんだろうな」

ちょっと待ってください。「〇〇の方がいい」のと「〇〇じゃなければならない」というのは全く別の話です。あなたがバツイチで「バツイチ同士の方が気持ちが分かりあえる」というのなら、それは大切な条件です。しかし「バツイチ」だから、相手も「バツイチ」じゃなければならないという理由はありません。

また「ともかく収入の良い人を」というのも、時々難しい問題を含んでいる事があります。そう考えた人にはもう一度聞きましょう。「あなたはそうして得た収入で、いったい何を満たしたいと考えていますか？」

「充分な収入があったら、テニス教室に行って、それからあれも買って、これも…」これは単に「収入源」が欲しいだけで、「結婚したい」ということとは無関係です。

もちろん経済的な安定は大切ですし、貧しいといろいろ困ったことが起こります。しかし、ただただ「収入が多い方」を選んでも、あなたの「幸せな結婚生活」とはほとんどの場合無関係です（もちろん「結婚するのは経済的に安定することがすべて」ということが条件ならば、それはそれでいいのですが）。

さて、先ほどの質問に答えてください。もしお金があり、年齢も若い（もちろん今までの体験はリセットします）ならば、あなたの条件は変わりますか？　それとも変わらない？

もし「それならばこういう人を探す」「それならばむしろこの条件のほうが大切」というふうに条件が変わったとしたら、あなたの中には無意識に「今の自分ではこういう条件じゃなければ無理」という「縛り」があるはずです。実際にその「縛り」が本当に必要かどうかは別として、まずは自分が「本当に望んでいる条件」を見つけてください。

もしかするとその条件があなたを「（これが満たされないなら）結婚しない」という選択をさせている原因なのかもしれないのです。

第四の思い込み「○○歳までに結婚したい」

さて、あなたのとらわれやすい最後の思い込みとして気をつけた方がいいことは「○○歳までに結婚しなければいけない」というものです。

「○○歳までに結婚したい」という話をよく聞くことがあります。「25歳までに」という人もいれば「38歳までに」という人もいますし、人によって適切と感じる年齢はさまざまですが、あなたは何歳までに結婚したいと思っていますか？

面白いもので、人間は期限を切らないとやる気にならないものです。「いつでもいいから、これやっといて」と頼まれると「明日やろう」「来週やろう」と考えながらつい延び延びになってしまうものです。しかし例えば上司などに「これ5日までにやっておいて」と言われると、必死にその日に間に合わせようと頑張ります（とはいえ、頑張りだすのが前日だということもよくある話ですが）。

ですから期限を切ること自体は悪いことではありません。しかし自分自身にあまりキツイ締め切りを切ってしまうと、そのプレッシャーに押しつぶされそうになったり、焦って思わぬ行動に出てしまうこともあります。

特にその期限が守れなくて、結局何事も起こらないままその期日（主に誕生日）を迎えてしまうと、「やっぱり自分はダメだ」と精神的に打ちのめされてしまい、ますます自信を失ってしまうということもよくある話です。

よく考えてみると「○○歳までに結婚したい」というのは何の根拠もない目標です。「高齢出産になってしまうから」とか「聞こえが悪いから」という理由を挙げる人もいますが、それが本当に「○○歳までに結婚しなければいけない」絶対的理由ではないのです。

先ほど書いたとおり「ある程度の目標」を持つことは大切なことです。特に「結婚に対してネガティブなイメージを持っている」場合は（それなのに結婚すべきかどうかは別として）ある程度「努力目標」を設定しておかなければ、ついつい先延ばしになってしまうこともあるでしょう。

しかしそれは「○○歳までに」というような厳密なものではなく（そもそも何も根拠がないことですし）「30代前半で」とか「5年以内くらいには」というようななだらかなものにしておいた方がいいでしょう。

特に29歳から30歳にかけては、一つの節目となり結婚に踏み切る人が多いのも事実です。だからこそ、周りの友達がどんどん結婚していくのを見て焦ってしまう人も多いのですが、別にそれが31歳になったからといっても、あなたの魅力は全く変わらないのですし、焦ってヘンな相手を捕まえるよりはじっくりと腰を落ち着けて、最適な相手を見つける方がよいのではないでしょうか。

特にあなたが「焦って」いる場合、相手にはその雰囲気が伝わってしまいます。いくら素敵な人でも毎回合うたびに「ところで結婚はいつ…」「私たちの関係は…」と問い詰められれば、相手も疲れてしまうことでしょう。

大切なのは時期よりも、どんなステキな人と長期的関係を築けるかです。

ですから「○○歳までに結婚したい」という目標はやめましょう。「○○歳くらいまで」という曖昧な目標で充分用は足せるのです。

この章のまとめ

●まずはあなたが「結婚に何を求めているのか」を知ろう！　あなたが自分で結婚に何を求めているか分からなければ、本当の理想の結婚にはたどり着けない

●結婚相手への「細部へのこだわり」は忘れよう。あなたにとって大切なのは「毎日の生活で幸せかどうか」だ

●大切なのは「幸せな結婚が送れること」で、その生活を送れるような相手を選ぶ必要がある

●あなたはどんな人とでも結婚できる。自分で結婚相手の対象を絞るような考えをするのはやめよう！

●あなたは何歳でも結婚できる。「このくらいの年齢で結婚したい」と思うのはいいが「何歳までに結婚しなければいけない」と考えてはいけない

第2章

あなたの理想を知ろう

Chapter 2

理想の結婚相手はこんな人

さて、あなたの結婚に対する思い込みを理解したうえで、いよいよ考えるべきなのは「理想的な結婚相手の条件」です。当然のことですが「理想的な結婚生活」を送るためには、理想的な結婚相手が一体どういう人なのかを理解しておく必要があります。

「理想的な結婚生活」を送るためには、そのパートナーの「条件」を考えておくことは、相手を見つけるうえでもとても助けになります。何の当てもなくただ探し回るよりも、「このような人」ということが分かっていれば、効率よく探すことができるわけですから。

ただ、実際に「理想的な結婚相手」を考えようとすると、はたと考え込んでしまう人も少なくありません。なんとなくぼんやりしたイメージはできていても、「条件は何か?」と聞かれると「多すぎてよく分からない」という人もいらっしゃることでしょう。

ですから「理想的な結婚相手」の条件を考えるのに役立つ、とっておきの裏技をご紹介しようと思います。この方法を使えば、比較的簡単に「自分が重要だと思っている相手の条件」を考えることができます。

それは「こういう人とは結婚できない」という人を考えてみて、その条件を逆にしてみるという方法です。

人間は不思議なもので「こうしたい」ということは分からなくても、「これはイヤだ」ということは比較的

簡単に分かるものです。

そこで「自分が結婚できない相手」の条件を考え、それをさかさまにしてみると「あなたが本当に望んでいる」ことが分かるわけです。ただし、ここで気をつけなければいけないのは「単に言葉を逆さまにするのではなく、意味を逆にする」ことが大切だということです。

例を挙げて考えて見ましょう。仮にあなたの「嫌な」条件の一つが「くちゃくちゃ音を立てて食べる人」だとします。ではその逆は一体何でしょう？「くちゃくちゃ音を立てて食べない人」？　違いますね。これでは単に言葉を逆にしただけです。

この条件の逆は、「マナーや礼儀が守れる人」だったり「人に不快感を与えない人」なのかもしれません。または「相手のことが気遣える人」だったり「育ちが良い人」でしょうか？

このように「意味を逆」にしようとすると、そこにあなたの「本当のこだわり」が現れます。多分この「くちゃくちゃ音を立てて食べる人」を逆にするだけでも、100人いれば100パターンのバリエーションができます。それはつまりそのような行為をする人が、あなたの心の中にある「こだわり」や「大切にしている部分」を刺激するからこそ不快感を感じるわけで、逆にすることでそれが表に現われてくるからなのです。

さて、考えてみてください。

あなたの「こういう人はダメ」という条件はなんでしょう？　そしてその「逆の意味」は？

エレベーター問題

あなたがエレベーターに乗ったとき、偶然に「神様」と乗り合わせたと思ってください。

10階から1階に行くまでの間に、神様は「あなたが望む相手」と引き合わせ、「望むような結婚」をさせてあげようといいます。けれど制限時間はエレベーターが1階に着くまでの間。もし、それまでの間に自分の望みを伝え切れなかったとしたら、このせっかくの「千載一遇のチャンス」が台無しになってしまうのです。

さて、あなたはどういうふうに神様に「理想的な相手」を説明しますか？　その時に何を望むでしょう？

これはマーケティングの世界で有名な「エレベーター問題」と呼ばれるものです。もともとは「商品のもっとも売りこみたい部分を見つける」ために考えるものですが、これはあなたの「相手に求める条件の優先順位」を考えるのにも役立ちます。もし、時間があればあなたはいくつもの条件を挙げることができるでしょう。しかし、エレベーターが動いている短い時間の中では「本当に大切なこと」しか伝えることができません。その時間内に「これだけは伝えたい」という条件こそが、あなたが結婚相手に「もっとも求めている重要な条件」なのです。

例えばあなたがリゾート地への旅行を計画しているとして、そこで泊まるホテルを選んでいるとします。サービス、料金、海が見えること、美味しいレストランがあることなど希望する条件はたくさんあります。

けれど、それらの条件が「すべて同じ重要性」だとは限りません。いくら安くておいしいレストランがあっても、せっかくリゾート地にいるのに窓からは隣のビルしか見えないというホテルではがっかりですし、逆にサービス、風景、レストラン、すべての条件を満たしていても先立つ予算に合わないとなれば、そもそも選んでいる意味がないわけです。

どの条件が一番にくるかはあなたの価値観次第です。中には「ホテルは泊まるだけ、どうせ夜しか帰らないから値段優先」という人もいれば、「ホテルでゆっくり過ごしたいからサービス優先」という人もいるでしょう。

これは「どれが正解」というわけではなく、「あなたが何を大切に考えるか」ということにかかっています。ですからここで重要視される条件というのは、あなたの結婚にとって「欠かせない条件」でもあるのです。

先ほどの例でいえば、神様にお願いしたいことは盛りだくさんです。容姿、性格、収入、彼の家庭環境、趣味…話し出せばきりがないことでしょう。けれど残念ながら時間はほんの1～2分くらいしかないのです。その短い時間の間で「どうしても欠かせない条件」を神様に伝えなければいけないとしたら、あなたは何を望みますか？

ここでできれば、いったんこの本を置いて「あなたが神様にお願いする文章」を作文してみてください。実際にエレベーターで神様に出会うことはほとんどないかもしれませんが（とはいえ、全くないとも限りませんし）あなたの「重要度」を調べるためにも、1～2分で読める「あなたの理想的な結婚相手の条件」を紙に作文してみてください。

ちなみにこのように紙に書くことはあなたの考えをまとめるうえでも役に立ちます。心理学では「オートクライン効果」と呼ばれる現象があります。これは簡単に言うと「私たちは実際に言葉にしたり、文にすることで、なんとなくもやもやしている考えをはっきり意識できる」という現象です。

例えば自分でも何に対して怒っているのかはっきり分からないときでも、友達に「なに怒っているの？」と言われると、それを説明しようと話しているうちに「そうか、私はこういうところに腹を立てているんだ」と分かることがあります。また、よく理解できない授業でもノートを取ったり、それをまとめているうちに「ああ、こういう意味か」と理解できることもあるでしょう。

具体的に文章にしたり話したりすることで、頭の中にぼんやりとあったイメージが具体的になり、あなたにとって「本当は何が重要なのか」ということを理解しやすくなるわけですね。作文を始めると「あ、これも入れとかなきゃ」「これはどうでもいいか」という取捨選択が始まり、次第に漠然としていた考えが一つにまとまり始めます。もともと「理想の相手」を考えることは楽しい作業なので、ぜひやってみてくださいね。

ABCで採点してください

「エレベーター問題」を考えることであなたの結婚相手に求める重要な条件がある程度見えてきたと思います。しかし、時には求める条件が多すぎてとても1～2分では語り尽くせないという人もいるかもしれません。しかし、すべての条件を満たしている人を見つけるというのは非常に大変なことです。では一体何があなたにとって重要なのでしょうか。

しかし、安心してください。マーケティングにはそんな時のためにも便利な方法が用意されています。それが「ABC分析」というものです。マーケティングのもはや「教義」とすらいえるような法則に「パレードの法則」というものがあります。これはさまざまな方面で応用されていますが、簡単にいえば「80％の大切なことは20％の要因で決まる」という意味です。

これはあなたが外で食事する場合にも当てはまります。これにパレードの法則を応用すると「80％の外食は20％の知っているレストランで行われる」ということになります。あなたは一体いくつレストランを知っていますか？

気楽に立ち寄れるラーメン屋さんのようなところからゴージャスなレストランまで含めると、きっとかなりの数のレストランをご存知のはずです。しかし、そのすべてにまんべんなく行っているという人はほとんどいません。実際に食べに行くのはそのなかの20％以内。いわゆる「行きつけの店」に行くことが多く、それ以外の店には「ごくたまに」訪れるだけだというのが一般的なパターンです。

つまり言い換えれば「あなたの80％の外食は20％の行きつけの店で行われる」ということです。ですからその20％の店があなたの外食ライフを大きく左右するといえるでしょう。

このように「一部の要素がほとんどの出来事を決める」ということは当然あなたの結婚相手の条件を決めるうえにも応用できます。つまりあなたが考えた条件のうち大切な20％の条件が満たされれば、ほとんどあなたが満足できる「結婚相手」であるということなのです。この20％の条件が満たされれば、少なくてもあなたの結婚は80％は満足のいくものになるはずです。8割というのが多いか少ないかは判断が分かれるところですが、十分な「合格点」だといってもいいのではないでしょうか。なぜならあなたの考える「重要な条件」はほとんど満たされているわけですから。

さて、これを手っ取り早く知る方法が先ほどの「ABC分析」です。といっても難しいことはありません。あなたが考えた条件を重要なものから順に縦に書き連ねていき、単純にそれを3等分します（12個条件があるなら四つずつですね）。

この最初の四つ（Aゾーン）が満たされれば、あなたの要望の80％が満たされます。その次の四つ（Bゾーン）で大体15％程度、残りの四つ（Cゾーン）はほとんど問題にならないような「あれば悪くない条件」のはずです。つまり言い換えればこの最初の4つを「死守」することで、あなたにとっては少なくても80％は「満足できる結婚」のはずなのです。

このAゾーンの条件をうまく整理して、先ほど出てきた「あなたが望む結婚の条件」をまとめていけば、きっと満足のいく結果になるはずです。

あなたのAゾーンは一体いくつありましたか？　そしてその条件は何だったでしょう？

1. 思いやりがある
2. いつも陽気である
3. 収入が安定している
4. 友人が多い

A 最も重要な条件

5. 年の差が5才以内
6. 長男ではない
7. キレイ好きだ
8. やせている

B あてはまれば好ましい条件

9. 無口だ
10. 旅行が好きだ
11. 大学を出ている
12. タバコを吸わない

C それほど大切ではない条件

理想的な結婚シミュレーション

さて、あなたの理想的な相手の条件が分かったところで、いよいよ「理想的な結婚」を考えていくことにしましょう。あなたはすでに思い込みから解放されているので、比較的自分の望みにかなった結婚をイメージできるようになっているはずです。

今まではあなたの理想的な結婚相手を「条件」で考えてきました。しかし、一つ一つの条件をつなぎ合わせても、「具体的な結婚相手」の全体のイメージはなかなかつかみにくいものです。

例えば「男らしい」「明るい」という条件を考えても「山男で笑顔がまぶしい屈強な人」かもしれませんし、「決断力がある社長タイプの人」なのかもしれません。

条件はあくまで条件でしかなく、それらがすべて満たされる「全体のイメージ」がなければ、結局は理想的な相手がどんな人か分かりません。ですからあなたの条件がすべて満たされる人を、実際に頭の中で喋らせたり、動かしたりして「その条件を満たす人は具体的にどんなことを好み、どういう生活をして、どんな仕事をしているのか」をイメージしてみる必要があるのです。

その「全体のイメージ」を理解する簡単な方法として「結婚シミュレーション」をしてみることをお勧めします。これはマーケティングの世界では「プロファイリング」と呼ばれ、具体的に商品を買う人がどういう生活をして、どんな仕事をしているのかを特定するための方法を、結婚マーケティング用にアレンジしたものです。

例えばこういう例を考えてみましょう。

あなたが「のんびりと過ごせるバカンス」を考えてみてください。実際に起こったことでもかまいませんし、まったくの想像でもかまいません。ともかくあなたが「のんびりとバカンスを過ごしている」状況をイメージしてみるのです。

するとどういう絵が浮かんできますか？　南国のビーチでのんびり寝そべっている

姿？　それともどこかのスパでエステを受けている姿でしょうか？　そこはいったいどんなところでしょう？　国内ですか？　それとも海外？　天気は？　あなたはなんと言っているでしょうか？

私たちは頭の中でこのような状況を言葉ではなく、ひとまとまりの「映像」としてイメージすることができます。そしてその映像を見ながら「そこに出てくる条件」をピックアップしていったほうが、言葉で「こういう場所で、こうして」と考えるよりもずっと簡単に「イメージ」できるのです。

例えばあなたが「ハワイの高級ホテル

イメージの中で「理想の人」が何を言い、どんな行動をとるのか想像してみよう

でエステを受けていて、エステを終えると友達が待っていて一緒にビーチに遊びに行く。そしてその後高級レストランで楽しくお話ししながら食事を楽しんでいる」というイメージが沸いたとすれば、少なくてもあなたにとって「暖かい気候」「エステ」「友達とわいわい」「高級レストラン」というのは、大切な「のんびり」の条件なのかもしれません。また、人によっては「一人ぼっちで旅をする」方がのんびりできるのかもしれませんし、「ゾウに乗る」ことが最高ののんびりの条件なのかもしれないのです。

このようにイメージの力を使うとあなたがなかなか思いつかなかった「理想的な結婚の条件」を見出すことができます。あなたは「理想的な結婚生活」をイメージし、その中で登場する「相手」や「状況」から、自分の「必要だと思う条件」を見つけていくことができるというわけですね。

ですからできるだけ具体的な「あなたの理想的な結婚生活を送っている一日」を想像してみてください。これはあくまでも「想像」ですから実現できるかどうかは関係ありません。あなたが望むのであれば六本木ヒルズに住んでいることにしてもいいですし、「こんなことを言う人はいない」と思うような甘い台詞を相手に言わせてもいいのです。

そこで注意するべき点は「できるだけ自分や相手にしゃべらせる」ということです。「理想的な結婚生活を書け」というと淡々と状況描写に走ってしまう人も多いのですが、できるだけ自分や理想の結婚相手にしゃべらせることで「理想の人が何を考えて、どういう生活をしているのか」を代弁させることができるわけです。

また、この文章はあくまでもあなたの「プライベート」なものです。誰にも見せる必要はないのですから、気楽に書いてみてください。

基本的には自分の書きたいように書けばいいのですが、「書き方が分からない」という人のためにサンプルを一つあげておくことにしましょう。しかし、このサンプルにとらわれず自分の望むような状況をできるだけ詳しく書いてみるといいでしょう。

ある寒い日、私は仕事で遅くなってしまう。私はパートナー（お目当ての人がいれば具体的に○○さんと名前を入れてもよい）お腹を減らして待っているのではないかと思い、携帯で連絡をする。パートナーは携帯電話に出ると明るい声で、「仕事大変だったね。ご苦労様。ちょっとした食べ物を買ってあるから早く帰っておいでよ」と優しく言ってくれる。

私が△△にある自宅のマンションに着くと（実際に住んでいるところでも、こういうところに住みたいというところでもどちらでもよい）エレベーターで6Fに上がる。エレベーターを降りて部屋の前に着くと、シチューの匂いがする。

ドアを開けると、エプロンをしたパートナーがシチュー鍋をかき混ぜている。机の上にはジャガイモやにんじんが散乱している（具体的に、具体的に）。

「なに？　料理してくれたの？」と私が聞くと、

「そうさ。今日は自慢のシチューだよ」とパートナーは答える。満面の笑みを浮かべて嬉しそうな表情を見せている。

「今日は寒かっただろう？　ヒマだったし、たまには僕も料理してみようと思ってさ」パートナーはそう言いながら、ちょっと味見をする。机の上には「料理ブック」が広げられている。

「まあ、ワインでも飲みながら待っててよ」パートナーはそう言いながら、ワイングラスとワイン（もし、こだわりがあるなら具体的な銘柄）を運んでくると、私に注いでくれる。

「大丈夫かなー」と心配そうなふりをする私。

「まかせとけって」と胸をはるパートナー。

パートナーはサラダを作りながら「最近は忙しいの？」と仕事のことについて聞く。

私は「うーん、まあね。でもXXXが○○○で（そのときに多分話すであろうような内容を書く）」と言う。

彼は「そうなんだ。大変だね。でも僕も協力するから頑張ってね」と言ってくれる。


（以下、略）

この章のまとめ

●あなたが「受け入れられない人」を考え、それを逆にして「重要視している相手への条件」を知ろう

●あなたの理想の人を一言で言うとどんな人？　あなたの理想の相手の条件を1～2分で説明できるようになろう

●すべての「理想の相手の条件」が満たされる必要はない。理想的な条件の2割が満たされていれば、あなたの結婚の8割は成功する

●理想的な結婚相手の条件を満たす人を実際にイメージしてみよう。その人が何を話して、どんなことを考えているか、そしてどんな仕事をしているか想像してみよう

第３章

出会いを見つける

Chapter 3

出会いのディストリビューション

何はともあれ出会わないことには話は始まりません。

いくらあなたが「理想的な結婚への条件」を知っていても、誰とも知り合うことができなければ、そもそも結婚することは難しいからです。ただこの問題だけは「個人差が激しい」問題でもあります。あなたの住んでいる場所、状況、仕事や友達関係、それにあなたの理想の相手によって出会うべき場所はさまざまですし、そのやり方にも無限のバリエーションがあります。

できるならば「この呪文を唱えたら、たちまち無数の出会いがやってくる」というようなことを書きたいとも思うのですが、残念ながらそのような魔法の呪文は知りません。

しかし「がんばって出会いを見つけてね」というのでは、そもそもこの本の意味がありません。この章では、あなたがどこを探すべきか、そしてどうやれば「効率的に」出会いを増やすことができるのかに関して、いくつかご紹介していきたいと思います。

このように具体的な機会を増やす方法に関しては、マーケティングでは「プロモーシヨン」または「ディストリビューション」などと呼ばれています。

もちろん、基本は「ともかく機会を増やす」ということなのですが、だからといって「下手な鉄砲も数打ちゃ当たる」という単純な話でもありません。あなたはすでに「あなたが望んでいる相手」がどういう人か知っています。ですからその相手がいそうな場所にうまくアプローチし、そしてその機会を最大限に生かしていく必要があります。

これは釣りをするのに少し似ているかもしれません。ただ行き当たりばったり池に釣り糸をたれるのではなく、「この魚はどこによくいることが多いのか」「何時ぐらいが釣りにもっとも適しているか」「どういう餌を使えばいいのか」というような最適な方法を考えることにより、漫然と釣り糸をたれているよりも何倍もの効果を得ることができます。

しかし、最適な方法だからといって「座ったとたんに釣れる」というものではありません。もしかしたら何度か失敗したり、思いもよらなかった"魚"が釣れることだってあるでしょう。あなたの恋愛を釣りに例えては失礼かもしれませんが、考え方は全く同じです。「最適な方法で確率を上げる」ことをまず考え、そして「トライ&エラー」を繰り返すことで、運命の女神はきっとあなたに微笑んでくれるのです。

では具体的にその方法をご紹介していきましょう。

一部の友達が恋人を連れてくる

大きく分けて出会いを見つけるには「直接出会う方法」と「間接的に出会う方法」があります。そして直接的に出会う方法の代表格はやはり「友達の紹介」でしょう。まったくゼロから関係を作っていくよりも、友達の友達のような関係の方が仲介者がいる分、簡単に関係を作りやすいのは事実です。しかし、問題は「誰から」「どのように」紹介してもらうかということです。

その「紹介者」を見つけるために大切なのは「パレードの法則」です。あなたの「理想的な結婚」の条件を考える時に説明した「パレードの法則」を覚えていますか？　忘れちゃったという人のためにもう一度おさらいしておきましょう。

「パレードの法則」というのは別名「80：20の法則」と呼ばれ、もともとはマーケティングの一つの定理として伝えられて来ました。これは簡単に言えば「20％の大切な要因が80％の成果をもたらす」というのがもともとの意味ですが、時には「20％のお客さんが80％の売上げを支えてくれる」というように解釈されることもあります。

つまり「すべての人を同じように扱う」のではなく、「一部の大切な人を重点的に大切にする」ことで大きな効果が上がるという意味ですが、これは別にお店だけではなく、あらゆる出来事で同じ現象が起こります。

例えばあなたが今まで「紹介で知り合った友達」を考えてみてください。特に男女を問わず紹介で知り合った友達を「だれの紹介か」と考えてみると、ごく一部の友達からの紹介であることに気づくはずです。

このような人を「ハブ」とか「スヌーザー」とよんだりしますが、この一部の「人に人を紹介するのが好きな人」があなたの交友関係の多くを支えているわけです。これは人の場合もありますし、場所やサークルである場合もあります。

つまり万遍なくいろいろなイベントや交友関係を深めるよりも、一部の会合や人との繋がりを強化するだけで、劇的に出会いの数は多くなるということがいえるわけですね。

もちろん、「その人から紹介される人が好みか（理想的な相手か）」ということはまた別の問題です。最大の問題点は「人は知らない人を紹介できない」ことです。あなたに誰かを紹介してくれる人は、当然ですが「自分の知っている範囲の人」しか紹介することはできません。ですからどうしてもある人から（または集まりから）紹介される人は、当然その紹介者に似た傾向があるのです。

そういう意味であなたは「紹介者（または集まり）」をよく厳選する必要があるでしょう。なぜならその人から紹介される人はある意味「その紹介者と似たような人」なわけです。もともとその紹介者をあなたが受け入れることができない場合、次々と「自分とは合わない人」を紹介されることになってしまいます。

しかし、紹介者があなたにとって素敵な人であれば紹介者との付き合いを強化することは大切なことです。その紹介者に「自分はどういう人を望んでいるのか」「私はどういうことが売りなのか」をきちんと伝え、マメに連絡を取ることで自分の理想に近い人を紹介してもらえる可能性はぐんと高まります。

間接的に出会う「メディアレバレッジ」とは？

あなたが「直接出会いを見つける」のがいいタイプだとは限りません。仕事の関係上、普通の人が休みの日に仕事をしなければいけないかもしれませんし、異性の前にでるとアガってしまい、うまく話せないかもしれないからです。また、あなたが直接出会うことを基本に考えていても、「確率を高める」という観点から考えればより多くの手段を講じていても決して損になることはないのです。

ともかくあなたはあらゆる方法を通じて「出会える可能性を高めて」おく必要があります。あなたは「できるだけ多くの選択肢」を持つことで、精神的にもゆとりが生まれますし、当然素晴らしい人と出会う可能性が高まるわけです。そこで「間接的に出会う」方法の代表として「メディアレバレッジ」をご紹介しましょう。

レバレッジというのは「梃子（てこ）」という意味です。昔「充分な場所と長さの棒を与えてくれれば地球だって持ち上げて見せる」と豪語したギリシャの科学者がいましたが、それほど梃子というのは少しの力で、多くの効果を得られるものなのです。さて、ではメディアレバレッジ（メディアの梃子）というのは一体どういうことでしょう？

あなたがいくら新しい出会いを求めていこうと思っても、あなたに与えられた時間には限りがあります。1日は24時間しかなく、たとえそれをすべて「出会い」につぎ込んで、1時間おきに（しかも寝ないで）別々の人との出会いを探してもせいぜい24人と出会うのが限界です。しかし、できるだけ多くの人と出会うチャンスがあった方が、あなたの望む人と出会える率が上がり、良い結果が得られるのは明らかです。

マーケティングの世界では「コンバージョン率（転嫁率）」という考え方があります。これは簡単に言えば「働きかけた人の中で、何パーセントの人が反応するのか」ということを表しています。たとえばダイレクトメールなどの広告を打ったからといって見た人すべてが興味を持ったり、買ったりするわけではありません。実際には見た人の数パーセントの人が反応すれば大成功という世界なのです（5％も反応があれば大喜びです）。

仮に1万人の人が広告を見て、500人の人が反応すれば転嫁率は5％です。つまり、メディア（広告や雑誌など）の力を使うことで、あなたが全く寝ないで1時間おきに誰かと出会うという殺人的なスケジュールを3週間続けなければ実現できない人数との出会いを、一度に作り出すことができるわけですね。

このようにまるで「梃子」のように多くの人に同時に働きかける力をメディアは持っています。このようなメディアレバレッジを上手に使うことができれば、たとえあなたが眠ったり、仕事をしている間でも着々と素晴らしい相手との出会いを見つけることができるわけです。

ここでいう「メディア」というのは新聞、雑誌、TV、インターネットなどを

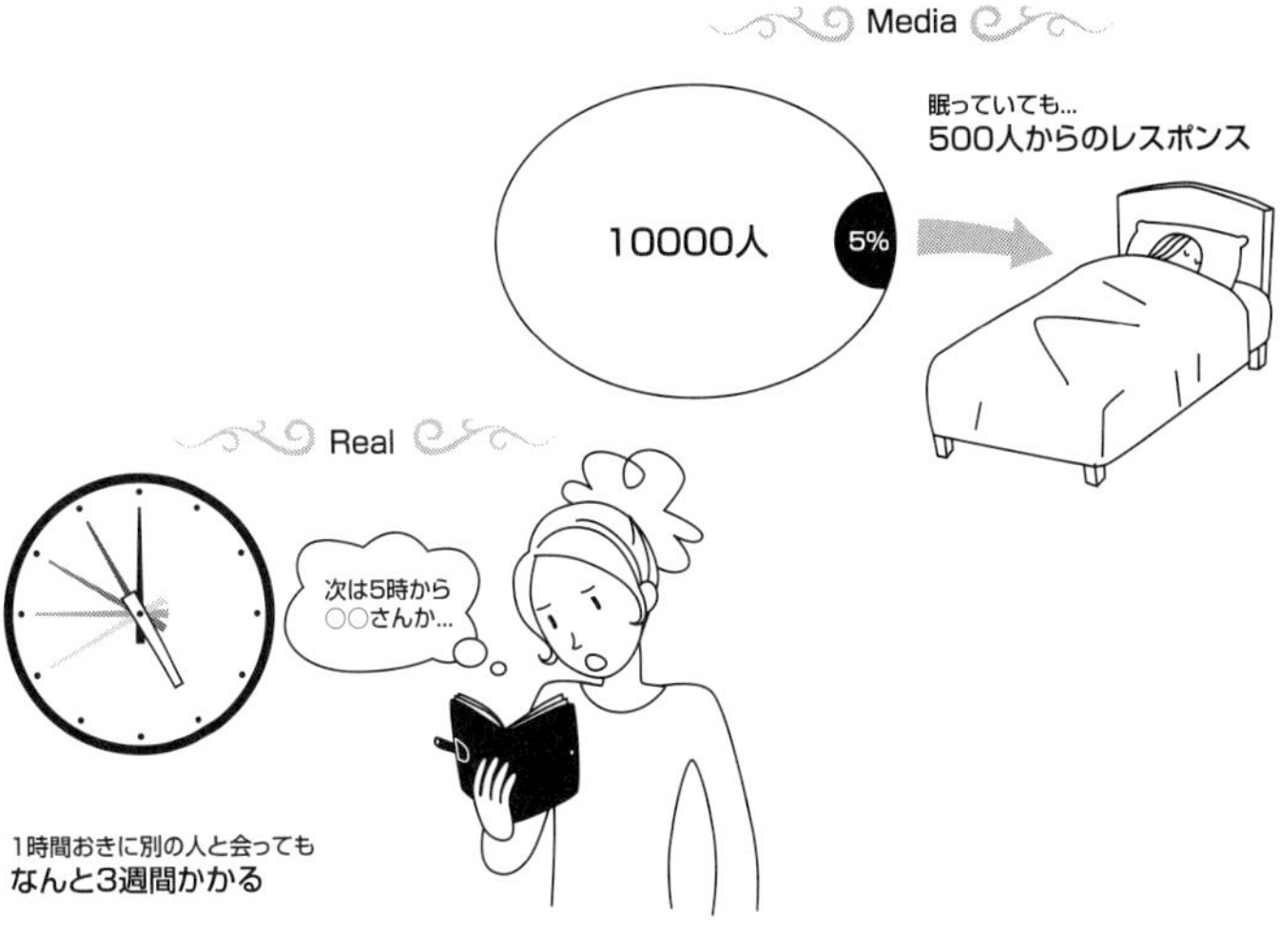

指していますが、まさかあなたの結婚相手募集という広告を、新聞に出すわけにもいかないので（アメリカではそのようなことをする人もたくさんいます）、実際には雑誌などの「友達、恋人募集」のコーナーやインターネットの出会いを見つけるサイトを利用することになるでしょう。このように一時に多くの人に働きかけることができるメディアを使うのは非常に効果的ですが、問題点もないわけではありません。

それはあなたの働きかけに対して「どうでもいい人がたくさんやって来る」可能性があるということです。あなたが望む相手だけが反応し連絡してくればいいのですが、働きかけ方によっては、あなたが望まない相手からの反応ばかりが得られてしまうこともあります。

どうでもいい人に返事をするために1日何時間もパソコンの前に座っているなどということになってはまさに「本末転倒」です。

では、どうすれば「効率良く」自分が望む相手からのアプローチを受けることができるか？　言い換えれば「どうでもいい人から連絡を受けないようにすることができるか」はあなたが作るあなたのプロフィールにかかってきます。ではその具体的な方法について考えていきましょう。

ポジティブオプションとネガティブオプション

メディアレバレッジを使うためには、あなたのプロフィールが大切だということは分かって頂けたと思います。あなたがどのようなメディアを使おうと思ったとしても、結局どのようなプロフィール（または自己紹介）を書くかによって、どのような人が反応するかが決まってくるからです。しかし、なぜか自己紹介というとほとんどの人は紋切り型の文章になりがちです。つまり、

「○○△△子（30歳）東京都在住。旅行とお酒を飲むことが好きです。優しくて思いやりがある人を募集しています…云々」というような「どこかでみたことがある」文章になってしまうのです。

もちろん、この文章が悪いとは言いません。しかし、問題は「これを見てあなたにアプローチしてくる人が、果たしてあなたの望んでいる人なのか」ということです。

これをマーケティングに置き換えて考えてみると、自己PRは一種の「あなたという商品を売り込む三行広告」だと考えることもできます。マーケティングには効果的にアピールするいろいろな技術が用意されていますが、これを詳細に書くと「恋人募集の紹介文を書くテクニック」という本が一冊書けてしまうので、今回はその中から代表的な手法「ポジティブオプション、ネガティブオプション」について紹介していきましょう。

まずポジティブオプション（肯定的提案）は文字どおり「こんなにいいことがあるよ」ということを主張する手法です。例えば食洗器などでいうと「手洗いよりも水道料金が年間5000円安くなる」とか「食器を洗っている間にティーブレイクができる」などというように「（これを買うと）あなたの生活がこんなに良くなりますよ」というイメージを与えるという方法ですね。

ここで大事なのは「イメージを与える」ということです。

確かに「余暇時間が20分増えます」でも言っている内容は同じです。しかし「余暇が20分増えます」では具体的に何が良くなるのかわかりません。「ティーブレイクできます」と具体的に得られるメリットを強調することで、より「手に入れることで生まれる望ましい状況」をイメージし「欲しいな」と思わせることができるわけです。

さて、これをあなたの紹介文に置き換えて考えてみましょう。考えるべきことは「あなたと付き合うことで、相手がどのようなメリットがあるかをイメージできる」ことです。

例えば、あなたが食べ歩きが趣味なら「毎週、おいしいレストランに連れて行ってあげます」などというのはどうでしょう？　またはスタンダードに「酒の肴が１００種類以上作れます」とか「○○（サッカーチームの名前）の試合にはかならず一緒に応援についていきます」などもいいかもしれません。

ここで大切なのはこのメリット（？）を具体的に書くことで、自然に相手を「フィルター」することになるということです。

極端な例で言うと「プレイステーションのアクションゲーム１００種類持っています」と書けば一部のマニアックな人には強くアピールできるかもしれませんが、その他の人にはぜんぜん注目されないことになるかもしれません。

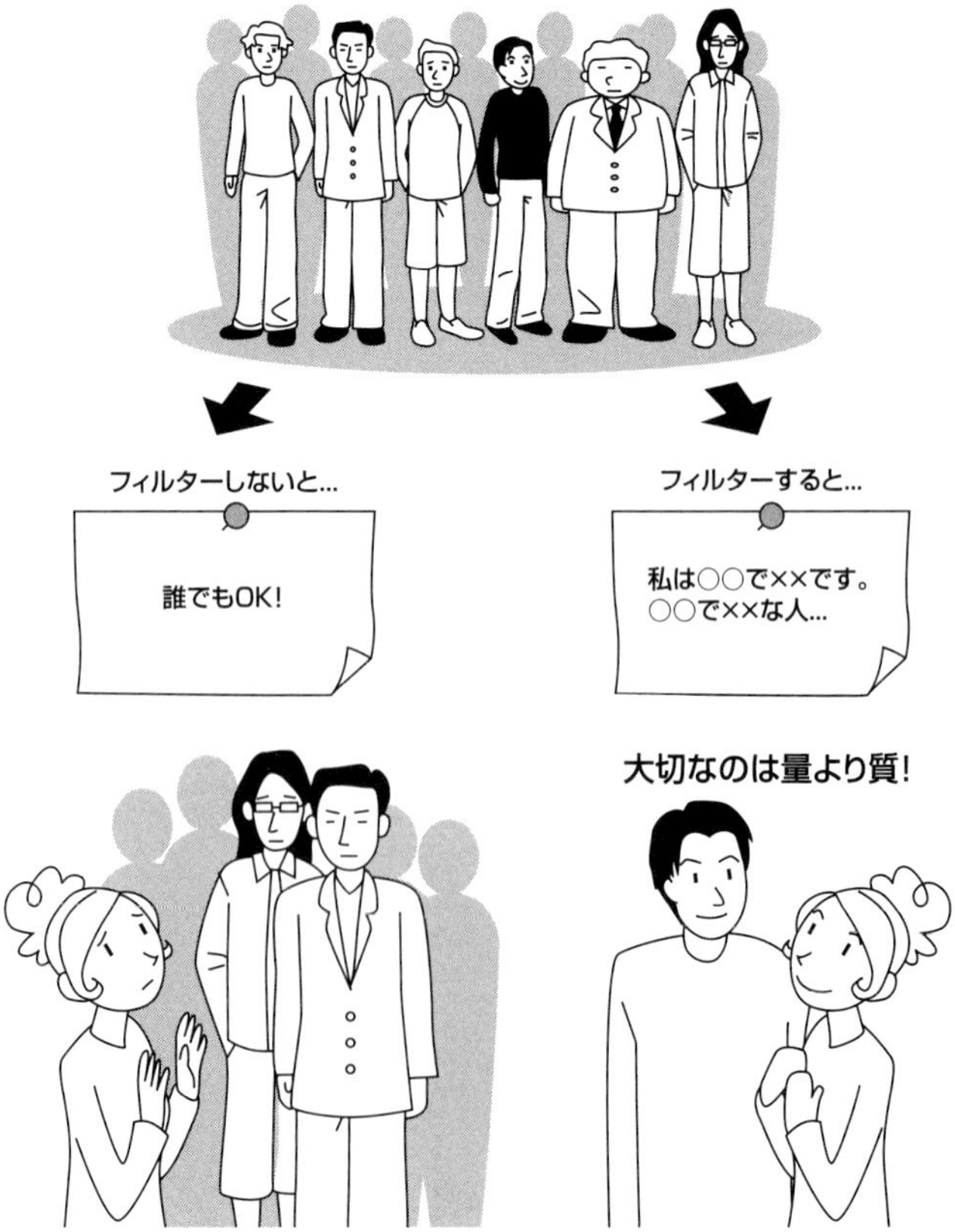
フィルターしないと…
誰でもOK!
フィルターすると…
私は○○で××です。
○○で××な人…
大切なのは量より質!

また、多くの人に反応してもらいたいのはやまやまですが、あまりにも可能性を高めようとするあまり、当たり障りのないことを書くと、集まってくるのも「当たり障りのない人」になってしまいます。確かに万人に受けるような文章の方がお誘いは多いかもしれません。けれど、大切なのは「数」ではなく「質」なのです。

このように「当たり障りのないプロフィール」を書いた結果、よくあるのは「びっくりするほどメールが来て処理できない」という話です。いろいろな人からたくさんお誘いのメールが来てしまって、しかもその一人一人の違いが分からない。結局当たり障りのない返事をするだけで、ちっとも出会いにつながらなかったということです。

これは明らかに、間口を広げすぎている証拠です。見込みのない人100人とメールするくらいなら、あなたのことがピンポイントで「良い！」と思ってくれる人1人とメールする方がよほど大事です。そのためにはあなたがある程度「こういう人からメールが欲しい」というタイプの人を絞り込んで、その人に向けてメッセージを送らなければいけないのです。

さて、逆にネガティブオプションですが、これは本来マーケティングでは「この商品を買わないとこんな困ったことがあるよ」ということを知らせるという方法です。例えば「あなたは電話代を払いすぎていませんか？」とか「気づかないうちにお肌の老化は始まっています」とかいうものは、この手法の典型的なものですね。しかし、直接この方法をあなたのプロフィールに使うことはできません。

確かに理屈では「あなたの夢を本当に助けようとする彼女と知り合ったことがありますか？」というふうに、あなたが「ほかの人とは違う」という部分を押し出すことはできますが、これはあなた個人がどのような「売り」を持っているかによって異なってくるからです。

ですからその方法を少し応用して「あなたの欠点をあえてインパクトにする」という方法をご紹介したいと思います。つまりあなたが「欠点だ」と思うことをあえて強調することでインパクトを出し、そしてそれを「長所」に置き換えることで、より興味を惹くことができるわけです。

例えばあなたが「口下手」ならば「私はあまり話しがうまくありません。だけどよく

「聞き上手」だといわれるので、面白い話を聞かせてくれる方、連絡を」という紹介文が書けるかもしれません。

世の中には「自分の話を聞いて欲しい」と思っている人はたくさんいますので、あなたが話を聞いてくれるタイプの人だと思えば興味を示します。これが「欠点に見せかけたメリット」になるわけです。けれど「口下手」なのが欠点だと思って「飲みに行くのが好きなので、一緒に飲んでくれる人を」とやってしまうと「陽気で話し好きな人」と勘違いしてしまう人が「混ざって」しまい、実際に会ってみると「なんだか話が弾まなくてつまんなかった」と思われてしまうかもしれません。

ですからあなたが「出会いたいタイプ」と「自分の欠点と思うポイント」をうまく組み合わせ、本当に望んでいる相手からの連絡が来るように調整する必要はあるのです。大事なことは「紹介文はあなたのためではなく、相手のために書いている」ということを忘れないようにすることです。

「私はバイクに乗るのが好きです」「私は話すのが好きです」「私はお菓子作りが好きで

す」「私は…」、確かに「あなたは」そうかもしれません。
しかし、大切なのは「あなたがどうなのか」というポイントではなく、「それが相手にどのような影響を及ぼすか」です。極端な言い方をすれば相手にとって、あなたがどうなのかということはどうでもいいのです。

あなたが相手にとって「どういうパートナーになれるのか」ということを向こうは意識して読んでいます。ですからあなたはあくまでも相手の視線にたって、「どういう結果を得られるのか」をＰＲする必要があるのです。「相手にどういう影響を及ぼすか」「だからどうしたいのか」ということをうまく書くことが、自分にぴったりな相手を引き寄せる重要なポイントだといえるでしょう。

モテモテになる場所

誰かに紹介してもらう、またはメディアレバレッジを使って眠っている間にも相手を見つける。これだけでもあなたが「出会い」を見つける可能性はかなり高まります。

しかし、それでもまだ充分でないと感じるのであれば、誰からも紹介を受けず独自に「出会いを見つけに行く」のもいいことでしょう。そうなると出会うためには実際にどこかに出かけて行くことになります。そこで考えなければいけないのは「一体どこで出会うか」ということです。

当然のことですが、あなたはできるだけ「あなたのことを良いと思う人がたくさんいるところ」または「あなたが理想だと思う人がたくさんいるところ」に行きたいと考えるでしょう。しかし、一体それはどこなのでしょう？ 例えばこういう例を考えてみると分かりやすいかもしれません。

あなたは”カキ氷“を売るアルバイトをすることになりました。ただし、あなたがカキ氷を売るのはスキー場です。雪が降り積もり風がビュービュー吹きすさぶなか、カキ氷を売るわけです。

売れると思いますか？　もしかしたら誰か変わった人が一つや二つ買ってくれるかもしれません。しかし売上げはほとんどゼロだというのは容易に想像することができます。

さて、なぜ売れないのでしょう？　売れないのは「カキ氷」が悪いのでもなければ、もちろん、スキー場という場所が悪いわけでもありません。

では、何が間違っている？

そう、「売る場所」を間違っているわけです。せっかく「出会いを求めて」どこかに出かけて行くにせよ、もともと「いい出会いがない」場所に出かけて行っては意味がありません。ですから「どこが自分にとって良い出会いがあるところなのか」を知ることはとても大切なのです。

マーケティングの世界では、売りたいものを買う人々の集まりを「市場（しじょう）」と呼びます。当たり前の話ですが”買いたい“と思う人がいなければ売ることはできません。どれだけスキー場でカキ氷を売ろうとしてもスキー場にはカキ氷の「市場性」はないのです。

けれど、同じスキー場でも暖房がガンガンかかっているロッジなら少し事情は変わってきます。ゲレンデでは全く売れなかったカキ氷もほんの数百メートル離れたロッジのなかならどんどん売れるかもしれません。こうして正しい「市場」を知ることが売れるためには大切なことなのです。

「それで、それが私の出会いとどう関係あるの？」ともしかしたらあなたは思っているかもしれません。実はあなたが「いい出会いがない」と感じているならば、あなたはもともと市場性のない場所を探している可能性が高いということです。

「どれだけ合コンにいっても出会いがない」
「出会えたとしても、なんとなくピンとこない」

もしかすると、あなたは合コン向きではないのかもしれません。一般的に「合コンでもてるタイプ」という人は「フレンドリーでぱっと盛り上がれるタイプ」の人です。または見た目が一般受けするタイプというのも大切かもしれません。

合コンというのはある意味「短期決戦」の場です。ほとんど出会ってから1時間以内には勝負がついています。良い悪いは別として、それほど会話をすることなく第一印象で決めるためには「分かりやすい良さ」が端的に分かる必要があるからです。

あなたがそのタイプなら問題ありません。あなたは簡単に合コンで相手を見つけることができるはずです。しかし、もしあなたが「じっくり付き合って初めて良さが分かるタイプ」だったり、「口下手だけど真面目なタイプ」だったらどうでしょう?

このようなタイプの人はいわばマラソンランナータイプです。たとえあなたが素晴らしいマラソンランナーだとしても、100m走に出ても同じように活躍できるとは限りません。あなたの本来力を発揮できないフィールドでいくら頑張っても成果が上がらないのはむしろ当然なのです。だからこそ「あなたの特性」を知ることがとても大事なことであり、つまりはあなたの「市場性」を知る必要があるわけなのです。

あなたが「良い相手」を見つけるためにもっとも必要なのは、「良い相手がいそうな市場」を見つけることです。あなたがいくら探してもスキー場でカキ氷屋さんを見つける可能性はとても低いのです。また逆にあなたがカキ氷を売っているならばそれを「買いたい」と思っている人がいる場所に行かなければいけません。それが「正しい市場性」を見極めることになるのです。

あなたはどんなタイプの人を求めていますか？

口下手でも誠実な人？　それとも楽しくて遊び人タイプ？

もちろん、常に例外というものは存在しますが、一般的にあなたの求めているタイプは当然「そういう人がいそうな場所」にいます。遊び人タイプの人が何らかの学習会に参加している可能性は真面目なタイプの人がいる確率よりもぐっと低く、逆にクラブやバーなどで固くて真面目なタイプの人と出会うのは非常に難しいということです。

そしてもちろんあなた自身のタイプも大切です。先ほどの例でいえば合コンでは「ノリと見栄え」がとても大事なファクターになります。別にそれが悪いことではなく、実際に「それしか判断の基準」がないのです。

またちょっと複雑なのは「お見合いクラブ」などです。一応「結婚を意識している」とか「恋人を探す」などタイプ分けされていても、そこに加入している人はいろいろなタイプの人がごちゃまぜです。落ち着いたタイプもいれば、にぎやかなタイプもいます。引っ込み思案な人もいれば、誰とでも仲良くできる人もいるのです。このような集まりは単に「結婚を求めている」という共通項しかなく、そのタイプはまさに千差万別で、うまくいくかどうかはそのクラブの運営方法（たとえばどのように話をするきっかけを作るか）などに左右されてしまうわけです。

あなたが「ともかく誰でもいいから結婚できる人」、または「ともかく恋人が欲しい」という人を探しているなら別ですが、そうでなければ、そんなクラブで「自分にぴったりな人」を見つけるのは非常に難しいことでしょう。

このように「あなたが見つけたい人」がたくさんいる「市場」を見つけることが、あなた自身で素晴らしい人との出会いを見つけるうえでは重要な要素になります。

とはいえ「最適な市場を見つける」のは結構たいへんです。実際にふつうの企業も「最適な市場を見つける」ために多くのお金を調査に使ったり、長年の蓄積で「多分、このあたりがもっとも良い市場だろう」と手探り状態で探しているものです。ですから最初は「的はずれな市場」を探してしまうことも多いでしょう。しかし、試行錯誤を繰り返していくうちに、だんだんあなたの望む「市場」を探し当てることができるようになります。

そのぴったりの「市場」を見つけるためにいくつかヒントを挙げておきましょう。

まず、大切なのは「あなたは短期間に心を開けるのか？　それとも時間がかかるか？」という問題です。短期間に開ける人はパーティーや合コンなどに向いています。もちろんそのような場で「目立つ」人はそのようなタイプの人なのですから、これは簡単ですね。

もしあなたが「心を開くのに時間がかかる」なら、何らかの習い事などを始めてみるのもいいかもしれません。このような集まりでは一定期間なんども繰り返し同じようなメンバーと会うことできるので、たとえあなたが心を開くのに時間がかかったとしても、少しずつあなたの良さをアピールできるからです。

ここで気をつけて欲しいのは、「出会い」を求めていくならば、当然「出会いたい」タイプのいる人がいそうな場所にしなくてはいけません。あなたが「料理が出来る人」を求めていない限り、お料理教室にいっても無駄です。特に男性をを探すのならばお料理教室には一般にあまり男の人はいませんし、場所にもよりますが、もしそのような教室にいるとすれば「女性ばかりの中でも平気」というちょっと変わった人のはずです(あなたがそういう人を求めているならば逆に好都合ですが)。

また次のポイントとしては「あなたが好きなことは何か?」ということです。

あなたが好きなことをするのが好きな人は、あなたと趣味や嗜好が似ていることが多いですし、自然にそのようなことをしそうな「タイプ」の人が集まる傾向にあります。

あなたが旅行が好きならば旅行が好きそうな人がいそうな場所を探した方がいいですよね。旅先で出会うためにはあなたが狙う年齢層の人が集まる場所に行くべきですし、あなたが「知り合うのに時間がかかる」なら長時間一緒に行動するようなパッケージツアーやリゾートクラブに行くべきでしょう。

また、アウトドアが好きな行動的な人が好きならばサーフィン、パラグライダーなどのスクールに行くのもいいかもしれませんし、文化的で落ち着いた人が好きならば陶芸教室や読書会、各種研究会などに参加するのも悪くないでしょう。もちろん「あなたがそこに参加したい」ということも大切ですが、それ以上に「あなたが好きそうなタイプの人がいる」場所に参加することが大切です。

たとえあなたがまだその「趣味や活動」に興味がなかったとしても「それをやっている人が素敵」と思うのなら参加してみましょう。そうすれば出会いが起こることもありますし、最悪何も起きなかったとしても「趣味」を広げることはできるのです。

このような「最悪、出会いがなくても趣味を広げたい」と考えるのであれば、出来る限り「趣味性の高い」ところの方がいいかもしれません。ただの「遊ぶサークル」よりは「趣味性の高いサークル」の方が同じようなタイプの人が集まりやすいのです。そしてあなたも「その市場の人から好まれるタイプ」であれば、出会いが起こるのにそれほど時間はかからないはずです。

結局「市場性」の問題は「あなたの好きなタイプの人はそのタイプの人が集まる場所にいる」という単純な話です。そして「あなたは、あなたのようなタイプを好きな人が多い場所で好かれる」ということでもあります。

人の好みというのは千差万別です。ある場所では"モテモテ"だったとしても、違う場所では"さっぱりダメ"ということが実によく起きるのです。ですからあなた自身のタイプをよく知って、そのタイプが"受け入れられる"場所で努力しましょう

「好きなタイプの人がいなさそうな場所（市場性のない場所）」で一生懸命頑張っている人があまりにも多いものです。せっかく時間とパワーを使って「良い相手」を探すなら、できるだけ簡単に成果をあげることができるところで頑張る方がくじけたり、プラ

イドを傷つけられることがなく精神衛生上も好ましいといえるでしょう。

この章のまとめ

●大切な相手はあなたの友達から紹介されるかもしれない。世話好きな人、顔が広い友達に自分を売り込み、積極的に紹介してもらおう

●あなたが眠っている間も理想の人を探してくれるメディアの力をうまく利用しよう

●欠点は長所かもしれない。あなたが他の人とは違う所を積極的に売り込み、No.1になろう

●自分自身の性格を知り、あなたの性格をもっとも好む人が多い場所に顔を出そう

●「類は友を呼ぶ」ということわざがあるように、理想的な相手は一カ所に固まって集まっている。どこにそのような場所があるかを考えよう

第4章

恋人関係に進む

Chapter 4

六つの「親密になるコツ」

さて、無事に「出会い」を得ることができたら、今度は「恋人同士」になる必要があります。結婚に至るプロセスの中では当然「友達から恋人に変化する」ゾーンがあります。

これはたとえお見合い結婚でも（書類を見て一気に結婚を決めない限り）普通の人から特別な人に変化するプロセスというのは避けて通れない場所なのです。ところで「恋人ができない」といっている人は、じつはこの「恋人でも友達でもない」というゾーンが苦手だという場合が多いのです。

このゾーンはとても大切な時期です。なぜならよほど思い切りのいい人でない限り、付き合う前に「普通の友達ではないけれど、本当に恋人になってもいいのか」見極めたいと思うのはごく当然のことです。

このグレーゾーンは「おためし期間」
ここを飛びこえるのは難しい

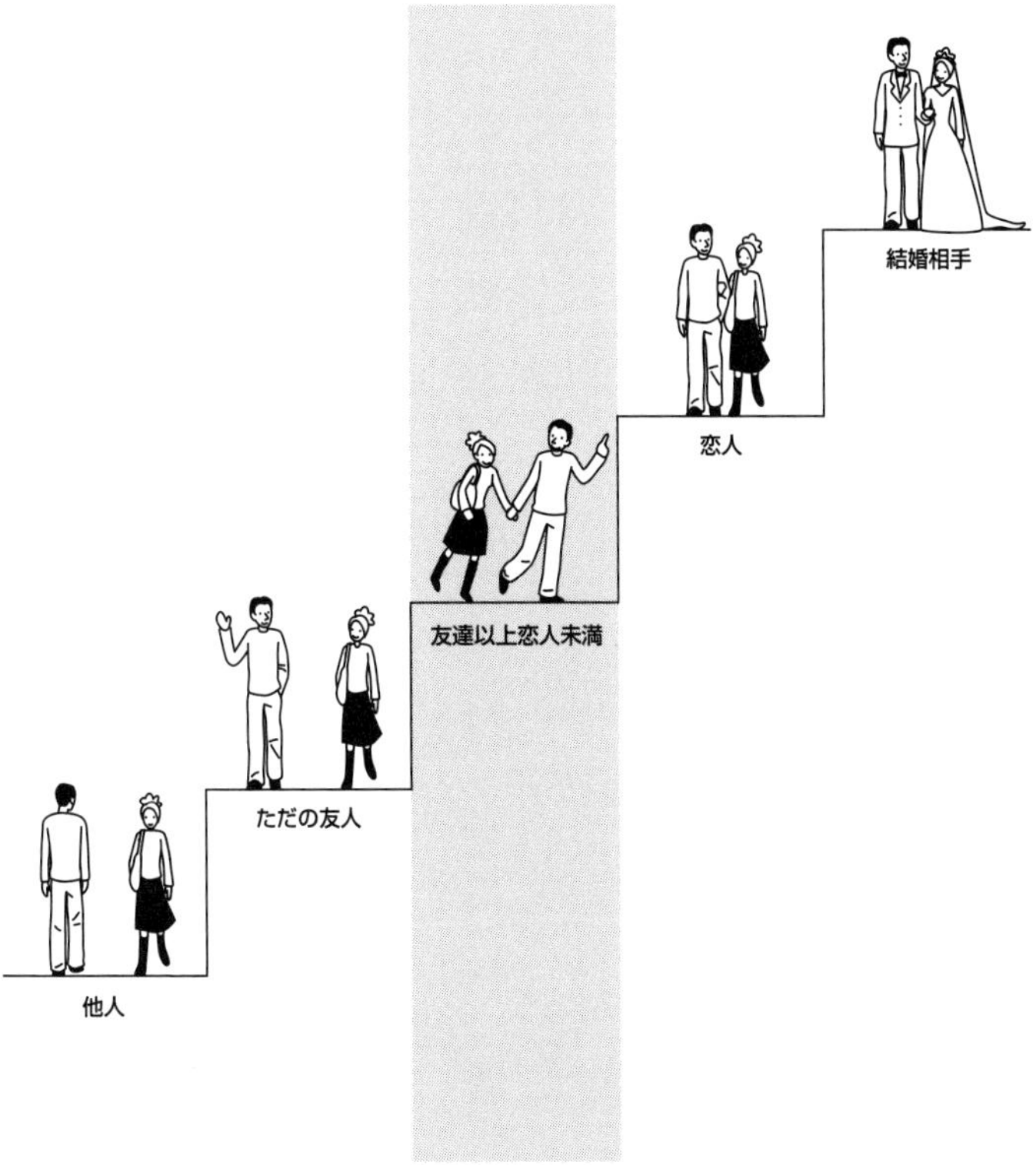

この期間はお互いに何となく中途半端な気持ちになり、相手の気持ちも確認できないのが普通です。何度かデートしたり、親しく電話するのはまさに「恋人同士」のように見えますが、けれど「恋人だ」といえるほど相手の気持ちを確認したわけではありません。

このような状態が苦手な人は「私のことを好きなのかどうかはっきりさせて！」とイライラしてしまったり、その中途半端な気持ちに耐え切れず、自分からこの関係を解消してしまうことがあります。その結果、せっかくうまく行きかけていたものをみずから壊してしまい、それを何度も繰り返した結果「やはり私は男運が悪いのかもしれない」と自信を失ってしまうのです。

けれど本当は「この状態をどう維持していくか」ということがもっとも大切なポイントとなります。なぜなら、この時期に「この人と恋人になるかどうか」を決断していくことになるからです。

これをマーケティング的に考えてみましょう。よく「資料をご請求ください」などという広告文章を目にすることがあります。このほかにも「無料で見積もりをします」とか「サンプルを差し上げます」というような文面もよく目にしますね。

当然のことですが「まったく興味がない」人はこの文章には反応しません。いくら「数千円の価値がある」ものでも、「担当者がお伺いして説明します」と書かれていても、あなたが化粧品やエステに興味がなければ無意味なのです。

けれどあなたが少しでも「興味」を持っているとしたらどうでしょう？ 例えばあなたがレーザー脱毛に興味を持っているのですが、「なんとなく高そう」「ちょっと怖い」と思っているので、なかなかやってみる気になりません。

ほとんどの人が「騙されること」「不当に高い料金を払うこと」に恐怖心を持っています。「もし、騙されて跡になったらどうしよう」「とんでもない料金を請求されるんではないか？」という心理的なブレーキが働くため、なかなか「すぐ実行（購入）」という気持ちになれないのです。

けれど例えば「5000円でお試し」や「詳しい資料をくれる」となるとどうなるで

しょう？　もともとあなたは「興味を持っている」のですから、もっと詳しい説明や安い値段でお試しができるのであれば、それを試してみようと思うのは当然のことなのです。

つまりこうやって「お試し」や「資料を請求」する人は「もう一押し」の見込み客なのです。あとはその人の「心理的ブレーキ」（高いんじゃないか、騙されるんじゃないか、違法なのではないか、などなど）を取り去ってあげることができれば、「無事、お買い上げ」ということになるわけですね。

そういう意味で「友達以上、恋人未満」というのは一種の「お試し期間」だと言い換えることができます。なぜこのような時期があるかといえば、まさに先ほどから申し上げているように「付き合い出すよりも、別れる方が何倍もエネルギーが必要」だからです。

あなたのことは好意的に見ていても、もしかしたらとんでもない悪癖があるかもしれませんし、とても受け入れがたい価値観を持っているかもしれないわけです。これはあなただけにいえるわけではなくお互い様ですが、そういう意味でも「相手の様子を探る」期間が必要なのです。しかし、もともと「興味がある」からそのような期間に突入するわけで、もともと興味がなければそのような状態になることはまずありえません。

ですからその期間に「さあ！　私と付き合うのか？　結婚する気があるのか？　どうなんだ」と問い詰めてしまうのは、先ほどの例でいえば「押し売り」に近い感覚になります。

たとえあなたに興味を持っていたとしても、「今、ここで決断しろ」と言われればほとんどの場合、「じゃあ、やめておこう」という結論になります。なぜなら「付き合う」のにはリスクがありますが、とりあえず現状維持ならば失うものはないからです。

そんなわけで「友達以上、恋人未満」の関係をどれだけうまくキープできるかということが、長期的には「いい関係を作り出す」のにもっとも大切な要素になるわけです。また後ほど説明しますが、この状態を複数の人と持つことができれば、結果的に「選択肢を増やす」可能性を高めることになります。

文字どおり「友達以上、恋人未満」なのですから、友達以上ではありますが恋人ではないのです。たとえ複数の人とそうして「仲良く」しても、別に何の問題もないのです。できるだけ多くの人と交際することで、あなたの見る目も養われていきます。なるべく一度得た縁は大切にするようにしましょう。

しかし、いくら選択肢を増やすことが大切とはいえ、できれば一つ一つの出会いが成功する可能性が高まった方がより好ましいといえます。そのためには相手とできるだけ親密な関係を作る必要があります。

特にはじめて出会った人や、いままで「ただの同僚」や「友達」だった場合、その関係を「友達以上、恋人未満」に持って行くのは難しいことです。

ですから「相手と親密になる」ために必要な会話や関係作りに役立つ「六つのコツ」を次の章からご紹介していきましょう。

親密になるコツその1 「ハロー効果」

この本をキムタクが推薦してくれました！

いや、すみません。もちろんこれはウソです。ただ、もし本当に「推薦」してくれたならばたとえ内容は全く同じだとしても何倍も（うっかりすると何十倍も）買ってくれる人が増えるのは間違いないでしょう。

これが「あなたの魅力を引き立てる方法」の一つ「ハロー効果」の力なのです。

ハロー効果、ハローというのは日本語に訳すと「後光」という意味です。あの仏像とか神様の後ろでピカーっと光っている、あの「後光」です。「親の七光り」などという言葉もありますが、だれか他の権威やイメージの力があると自然にその人が何倍も良く見えるというのが「ハロー効果」と呼ばれる現象です。

私たちの価値観というのは結構曖昧なものです。全く興味のない服やバッグでも複数の友達が「あれ、いいよ」と言っているのを聞いて、だんだん欲しくなってしまった経験はありませんか？　または「芸能人の○○が使っているナントカ」と書かれているだけで何となく良いものに見えてきたりすることもあります。これは自分が「権威のある人」または「優れている人」だと思っている人が勧める（直接的でも間接的にでも）ものは無条件に良いと思ってしまうという心理効果の現れです。

だからこそ「芸能人のお見立て」呉服会が大盛況になったり「私も使ってます」とキレイな人がにっこり微笑むようなＣＭが撮られたりするわけですね。面白いことにこれは芸能人に限らず仲の良い友達や家族、親戚が勧めても同じ現象が起こります。

私たちは基本的に騙されたくはないと思っていますから、何かを見るときには少し身構えてしまうのです。たとえ良さそうに見えても「もしかしたら裏があるのかもしれない」と考えてしまうわけです。

しかし、誰かあなたの「信頼している人」が勧めるならば話は別です。なぜならあなたはすでにその人を「信頼」しているので、あまり疑う必要はありません。そしてもしあなたの信頼している人が「これはいいよ」というのであれば、その言葉は疑わずに心に入ってくるのです。

つまりあなたの「その人への信頼感」がそのまま「勧められたものへの信頼感」に変わるのです。こうして「勧められる」→「この人は信頼できる」→「この○○は信頼できる」という三段論法で、あっという間にその人の勧めるものが「素敵なモノ」に見えてくるというわけです。

さて、では一体これをどう応用することができるでしょう？　あなたがいくら「お目当て」の人を見つけても、相手と「恋人同士」になれなくては話になりません。もちろん、あなたが「猛アタック」をかけて相手を好きにさせてもいいのですが、できれば相手から「好きになってもらう」方がいいに決まっているのです。ですから何とかこの「ハロー効果」を利用して、相手があなたに興味を持ってくれるようにしてみましょう。

一つの応用例は、もしあなたに自慢できることがあれば「さりげなく」あなたの自慢ポイントを出会って間もない頃に相手に伝えることです。

「子供の頃、アメリカで育った」
「たくさんの男性にプロポーズされた」
「インテリアコーディネータの資格がある」etc

もちろん感じ方は人によってさまざまなので、どこがアピールポイントかは個人差がありますが、ともかく自慢できることを早い時期に相手に知らせることが大切です。というのも「第一印象」で相手の印象はほとんど決まってしまうといってもいいのです。心理学の研究によると、一説では約60％の相手に対する感情は第一印象で作られているそうです。ですからごく初期に「イヤな感じ」と感じられるとそれを打ち消すのにはよほどの努力が必要になってきます。

逆に言えば最初に「なんか素敵！」と思ってもらえたならば、その後相手があなたに感じる印象は「何割増し」かになるということです。もちろん「私の家は大金持ちで、由緒ある家柄なの」などと人によっては鼻持ちならないと感じるような自慢をするのはどうかと思いますが、控えめにでもあなたの「素敵なところ」をアピールできれば、あなたにはピカーっと光る後光が差し始めるわけです。

この「自分の自慢できるところ」というのはあらかじめ考えておく必要があります。なぜなら自分の自慢できるところというのは、あまりにも身近すぎてなかなか気がつかないものだからです。

だからこそ事前に友達に「ねえ、私の自慢していいことってなんだと思う？」などとリサーチをしておくのはとても役立ちます。そしてそれを理解したら、相手との会話の中で嫌味にならないようにさりげなく盛り込む必要があります。

この「さりげなく会話に盛り込む」というのが難しいところです。いくらあなたが昔ミスコンで優勝したことがあったとしても、何の脈絡もなく「私は昔ミスコンで優勝したことがある！」と言うのはなかなか難しいことでしょう。

大切なのは話を切り出す切り口を、自分の「話したい話」がしやすいように誘導することだといえます。食べ物の話からインテリアコーディネーターの話に持っていくのはかなりの困難が予想されますし、政治の話からいままでの体験談に持っていくのは至難の業です。ですからまずは自分が「したいと思っている話」に持っていきやすいように話題を持ちかけることが大切なのです。

さて「それは分かるけども、私にはこれっといった自慢のポイントがないなあ」という控えめなあなたでも心配はいりません、実はこの「ハロー効果」は自慢する以外でも使い道があります。

先ほどの「友達や信頼する人が言うことは信頼する」という効果をうまく利用するのです。つまり友達に「○○ってさ、すごく料理がうまいんだよね」とか、「結構男の子に言い寄られているらしいよ」と相手の注意を引くような話をお目当ての相手に吹き込んでもらうという方法です。

これも一種のハロー効果ですが、先ほどご説明したとおり「人は第三者の言うことは比較的簡単に信じる」という傾向にあるのです。あなたのいないところで吹き込まれた（?）情報は相手にスムーズに入っていきます。そしてその情報が相手に好ましいものであった場合、相手はあなたのことが何倍もよく見えてくるわけです。

これは人数が多ければ多いほど効果的です。

学生の頃、クラスや学年のアイドルだった人と何年後かに再開すると「あれ？　なぜあの頃あんなに夢中だったんだろう」と思うことがあります。これは何人かの人が熱狂的に「良い！　良い！」と言い続けていたので、その人が一種の「ブーム」になっていたと考えられます。たとえその人がそれほど魅力的な人ではなかったとしても、何となく全員がそのブームに乗ってしまい、その人のことが何倍も素敵に見えてしまっていたのです。

ですから極端なことを言えば彼を取り囲む何十人もの人が「あのコは素敵だ！」とあなたのことを褒めちぎれば、絶対に彼の気持ちは揺らぎます（たとえあなたがどれだけ彼の趣味でなかったとしても）。

この場合、根本的で最大の問題は「どうやって自分を友達に褒めてもらうか」ということになります。こればかりはあなたと友達の間で何らかの方法を考えなければいけません。ただ、世話好きの友達にお願いするときには、あまり激しく彼への気持ちを打ち明けないほうがよいかもしれません。

なぜだかわかりますか？

あなたが彼を褒めちぎることで、その友達がその彼を好きになってしまう可能性があるからです。図らずもあなたが「ハロー効果」を作り出し、その人の気持ちを動かしてしまう可能性があります。こうなってしまっては友達と三角関係になってしまい、何のために努力しているのかわからなくなるので十分に注意した方がいいでしょう。

私たち日本人は「謙譲の美徳」という考えが体にしみこんでいるので、なかなか「私のここがすごい」ということをアピールするのは気がひけるかもしれません。しかし、先ほど説明したとおり、初対面、またはごく初期がとても大切なのです。うまくスタートダッシュを切ることができれば、その後の展開がとても楽になります。

例えばあなたに遅刻癖があったとしても最初に「アーティスティックな人」という印象を持たれているとすれば、「なるほど、クリエイターとはそういうものか」と逆に魅力を増す方向にドライブがかかることもあります。

もちろん、だからといって遅刻してもいいということにはなりませんが、いくら直そうと思っても直らない「あなたのもともとの気質」というものもあります。

これを最初に飾り立てて関係をスタートさせてしまうと、あとから並々ならぬ苦労を強いられることになります。ですから無理をして飾るよりは、あなたにとって良い印象を最初に与え、なるべくあなたの日常生活にムリがかからない方向で関係を築いていくことが、長続きさせる秘訣だということができるでしょう。

親密になるコツその2

「初対面で話が弾む九つの言葉」

友達の結婚式の二次会でステキな人に出会った！

または合コンやちょっとしたパーティーで「この人！」と思えるような人を見つけた！　友達に紹介してもらったりして、何とか会話をするまでには漕ぎつけたものの何を話したらいいかわからない。なんとかムリに話題を見つけてみたもののなんだか会話が弾まない…。

こんな体験をしたことはありませんか？

あなたの「魅力を高める」には「楽しく会話」ができた方がより好ましいといえます。寡黙な人が好きな人もいますが、特に初対面では相手と良好な関係を作り上げるにも、そして相手を知るためにも「会話」は必要だからです。

「でも、私は人見知りだし、だいいち相手をひきつけるような話題なんてもってない」そんなふうに思うあなたのために「初対面でも会話が弾むようにする」方法をご紹介しましょう。

まずは「会話が弾む」という状態はどういうものか考えてみましょう。簡単にいえば「お互いがある話題について興味を持って話をしている」という状態が「会話が弾んでいる」状態だといえます。ですから「会話が弾まない」と「なんとなく話しづらい人」という感じがして、いくら相手の容姿が気に入ったとしても、あまり仲良くはできそうもありません。

では「会話が弾む話題」ってどんなものでしょう？

最近話題の映画？ ファッション？ 音楽？ もちろん、これらも「人によっては」話が弾む話題かもしれません。ある程度仲良くなって「相手の嗜好」が分かっていれば、こんなふうな話題で話が弾むこともあるでしょう。

しかし残念ながら初対面ではまったく相手の趣味・嗜好はわかりません。しかたないので友達の結婚式の二次会であれば「結婚した友達」の話題や「この会場」などを話のネタにするわけですが、それもせいぜい持って3分くらい。あとは「なんとかしなきゃ」

とお互い脂汗を流しながらジリジリしてしまうわけです。

けれど実は一つだけ「だれもが興味を持っている話題」というものがあります。それは「相手自身の話題」です。相手にとって「自分自身」に関する話題は最大の関心事です。それをうまく引き出してあげることで、いくらでも「興味を持って話を続ける」ことができるわけなのです。

占い師やカウンセラーは職業的に「初対面の人と話をする」必要に迫られます。けれど別に特に「話題がなくて困る」ということは起こりません。それは「相手の話をじっと聞く」ということをベースにしているからです。

通常、占い師やカウンセラーにかかる人は「何らかの問題」を抱えています。そしてその人々は「ありがたいアドバイス」や「有益な助言」も必要ですが、それ以上に「ともかく自分の抱えている問題について詳細に話したい」と感じていることが多いものです。

ですから少なくても専門的教育を受けた占い師やカウンセラーは相手の話をじっと聞きます。

相手に自由に話してもらうには、まず自分の考えを挟まず、ともかく相手の考えを話したいだけ話させるように努力します。そうすることで相手も「心を開き」そして楽しく「会話」をすることができるようになるのです。

というのも、ある研究機関の報告によれば私たちは「私」という言葉を使わずに話をしようとすると20分も会話が続けられないそうです。つまり誰もが「私はどう思った」「私はこう感じた」という視点を基準に話をするのが普通で、本当のことをいえば「相手の話を聞くよりも、自分のことを話したい」と考えているのです。

相手９：自分１

相手の話を聞くことに専念しよう

ただ、相手の話を聞かずに自分の話ばかりをすることは社会的に問題になります。ですからあたかも「相手の話を聞いている」ように見えて、実は「相手と自分、交互に自分の話をしている」というのが通常の「会話」なのです。

時には、相手の話とは全く関係なく自分の話をすることで「会話が成り立つ」場合もあります。よく女性が数人集まって話していると一見「同じ話題について話している」ように見えて実は「交互に自分の話をしている」という場合がありますす（今度、そのような場に居合わせたらよく注意して聞いてみてください）。

誰かがしゃべっているときはいわば一種の「休憩時間」。その人がしゃべり終わると「そういえば…」と一見その話題がつながっているように見えて、実は全く違う「自分の話」を始めたりします。また「共通の話題」について話しているようでも、実際は「お互いの考えを交換している」ことも多く見られます。

例えばある2人が映画について語っている状況を考えて見ましょう。

「○○○って映画見た？（私は）すごく面白かったよ」

「へぇ、（私は）まだ見てないけれどどうだった？」

「（私は）主演の△△がすごくかっこ良くって（と個人的には思う）ラストシーンがすごく（私は）泣けた」

「なんだか（私は）面白そうだね。（と感じる）今度見に行こうかな（個人的な感想の独白）」

こうしてみると一見会話が「双方向」に見えて、実は「お互いの考えや感じ方などを交換」しているわけです。ただお互いの「話題」が共通していて興味の方向が一致しているから「会話」として次々に「話せる」わけで、お互いに「興味がない」場合には、触発されることがないのですぐに会話が終わってしまうのです。

ですからすこし意地悪く考えれば、ほとんどの人は「自分の意見を聞いてもらう」ために人の話も聞いているということになります。実際問題、「自分の話を黙って聞いてくれる」人というの、はあまり周囲にいないものなのです。

このように通常は「自分の話をずっとし続ける」ことは非常に難しいことです。しかし、もし「自分の話を黙って興味深く聞いてくれる」人がいたらどうでしょう？

あなたの話をいい加減にではなく「興味深く」聞いてくれる。そして余計な口を挟まず「それで？　それで？」とどんどんあなた（だけ）に話をさせてくれる人。

ほとんどの人はその人に「強い好感」を覚えます。そして面白いことに「自分の事を充分に話す」と「その人と会話が弾んだ！」という気持ちになるものなのです。つまり簡単に結論を言えば「相手自身のことを相手にしゃべらせ、それを黙って聞く」というだけで、驚くほど会話が弾むわけです。

もちろん、実際には「相手9：あなた1」くらいの割合になるでしょう。けれどそんなことはどうでもいいのです。相手は自分のことを話しまくり、それを聞いてもらえるだけで「この人と話すと会話が弾む」と感じてくれます。このように考えるともっとも難しいのは「最初のとっかかり」を見つける瞬間だということができるでしょう。

うまく相手が「放っておけば何時間でも話せる内容」を振ることができれば、あとは放っておいても相手が話し続けてくれます。それをできるだけ熱心に「うん、うん」と聞いてあげ、適度な相槌を打ってあげれば、相手の話はどんどんと膨らんで、ずっと話し続けてくれます。

では具体的にはどうすればいいでしょうか？　まずは相手に「熱そうな」質問をぶつけます。初対面では相手の嗜好がわからないので、できるだけ「その人が深く考えている」ような話題に関して振ってあげたほうがいいでしょう。

ほとんどの人が食いつく（いろいろ意見がある）話題は、

「仕事（なぜその仕事を選んだのか？　具体的には何をしているのか？）」

「好きなこと、はまっていること（なぜ好きなのか？　どうやって興味を持ったのか？）」

「今住んでいる場所はどこ？（なぜそこを選んだのか、どんなエピソードがあるのか？どこがいいのか？）」

などです。

ただ最初は緊張しているので、普通は簡単に「メーカーで働いています」とか「旅行かな？」と一言で片付けてしまうことがほとんどでしょう。なぜなら相手は「話しすぎてはいけない」と自分をセーブしているからです。相手はまだ「あなたが一生懸命相手の話を聞こう」と思っているということを知らないのです。

そこでさらに具体的に聞いてください

「メーカーというと具体的にはどんなものを？」
「旅行っていうと最近はどこに行きました？」

これは相手に「私はもっとあなたの話を詳しく聞きたいのです」というメッセージを送ることになります。つまり「あなたはいくらでも自分のことを話してください。私は興味があって知りたいのですよ」と教えてあげるわけです。

こうしていくつかの話題振ってみると必ずどこかで相手が明らかに「熱くなる」瞬間が現れます。今までとは明らかに熱の入り方が違って、生き生きと話し始める部分が出てきます。それがその人の「話題のツボ」です。そこをもっと詳しく聞いてあげましょう。

もしかすると、まだ自制心が残っているので、ある程度話すとやめてあなたに主導権を戻そうとするかもしれません。しかし、そこであきらめてはいけません。

「え？　具体的には？　どうして？」と熱心にそこを掘り起こしましょう。

こうなれば後は簡単です。そこからは以下の「九つの言葉」を適当に織り交ぜながら、相手の納得が行くまでとことん話させてあげましょう。


「へえ」

「なるほど」

「面白いですね」

「すごいですね」

「偉いんですね（素晴らしいですね）」

「もっと詳しく教えてください」

「というと具体的には？」

「どこが大変でしたか？」

「どんなときが一番うれしいのですか?」

私はこの「九つの魔法の言葉」でどんな人とでも3時間は話す自信があります。特に難しい技術は必要ありません。本当に相手の話に興味を持ち、聞き入れば、むしろ愉しいものです。そして相手もとても喜んでくれます。それほどほとんどの人は「自分について語る」ことに飢えているのです。

ただし気をつけるのは、話しているとつい「あ、そういえば私も…」と自分の話をしたくなります。というのも「相手と交代で自分がどう感じたかを話す」というパターンが普通なので、意識していないとつい相手の話から連想して、自分も話をしたくなるのです。

でもそこはぐっと我慢してください。あくまで今は「相手の情報収集と好感を持たれる」ことが目的なのです。だから余計な口を挟まず、できるだけ相手の考えていることを引き出すように「黙って聞く」姿勢を維持しましょう

この「黙って聞く」というのはいくつかの成果があります。一つは「その後ほとんど

話題に困らない」ということです。うまく「相手から話を引き出す」ことができれば相手の趣味、嗜好、考えていることをたくさん知ることができます。


相手がどんな風に生きてきたのか？

大切にしている価値観は何か？

趣味・嗜好は？

家族構成は？


特に無理やり聞きだそうとしなくても相手は自然にそのような話をしてくれます。というのも「彼に深く関わる事項」というのは、どうしても興味を持っている内容に関係があるからなのです。


もう一つは「相手に抜群の好感度を与える」ことができます。考えてみてください。

自分の話をニコニコとじっと聞いてくれ、そして興味と尊敬の念を持って接してくれる人。そんな人を「イヤだ」とあなたは感じますか？

さらにあなたが自分のことを話すのは、「十分に相手の手の内がわかってから」なのです。別に自分を飾る必要はないとしても、相手が嫌う部分をわざわざ最初に押し出す必要はありません。相手の話を聞いていれば「おとなしい人が好き」なのか「活発な人がすきなのか」くらいは簡単に分かります。その他趣味、嗜好があらかじめ分かっていれば、次回会うまでに「予習」することすらできるのです。このように相手が「先にカードを切って」いるのは非常に有利な条件なのです。

最後の一つは「相手の性格をある程度推し量ることができる」ことです。

自己中心的で自信家の人は主に「自慢話」が中心となります。
悲観的な人は「こうしたいけれど、なかなか難しい」という話が中心になりますし、相手に気を使う人は定期的に「あなたはどう思う？」とあなたに会話の主導権を渡してあげようと努力してくれるものです（そんな時はにこっと笑って軽くしゃべった後、また相手に主導権を渡してあげましょう）。

相手の話し方とあなたへの気の使い方、これを見るだけで基本的な相手の気質を知ることができます。このような情報は単にその人と話す内容だけではなく、性格や考え方などをもある程度推し量ることができるわけです。

このように「相手に充分話させる」というのは非常に大きな効果を得ることができる「話を弾ませる方法」なので、今度「ステキな人」に出会ったらぜひ試してみてください。

繰り返しますが初対面では「あなたの意見はそれほど押し出す必要はない」ことを忘れないでください。極端な話、積極的な聞く姿勢を保っていれば「今晩何食べようかな」と思っていても全然かまいません。あなたが注意を払うべきは「次にどういう合いの手を入れるか」です。

さすがにどれだけ熱い話でも10分くらい話すと話題が尽きてきます。けれどそこで「さっきの○○だけど、どうしてそう思ったの？」と聞かれるとそれに触発されてさらに10分くらいは話すネタが出てくるものです。

たとえ適切な合いの手が見つからなくても、ゆっくりと「なるほどね」と言ってみてください。その間も相手の頭の中はフル回転していますので、「あ、そういえば言い忘れたけど」とさらに会話が続くことが多いものです。それほど私たちの頭の中には「さまざまなエピソードや考え」が詰まっているものなのです。

親密になるコツその3 「YES／NOクエスチョン」

「今、一人暮らしなんですか？」と質問されたとしたら、あなたはなんと答えますか？

このような相手に「YES／NO」で答えさせる質問というのは、基本的には話が弾まないパターンです。もちろん、もともと話し好きな人だったり、相手がとてもあなたと話すことに乗り気な人ならば、聞かれてもいないのに「うん、今荻窪で一人暮らしなんだ。荻窪ってのはラーメンで有名だけど、それ以外にもいろいろな…」などとべらべら喋りだすこともあるかもしれません。けれど普通は考えるのが面倒なので「はい、そうです」とか「いいえ、親と一緒に暮らしています」などとごく簡単に答えてしまうわけです。

そうやって「YES／NO」で答えられると、次にできる質問もやはり「YES／NO」になりがちです。つまりこの場合なら「へえ、一人暮らしは楽しいですか？」とか

「ふうん、一人暮らしするつもりはないんですか?」などというふうに、またもや「簡単に答えられてしまう」質問をしてしまうのです。

これはどちらかと言えば「詰問」または「尋問」に近いものですね。別に警察官が取り調べをしているわけではないのですから、YES/NOの質問を続けていくと、そんなに親近感が作られない割には、相手にしてみればプライベートな部分に土足で踏み込まれたような気分になってしまうので、あまりよい方法だとは思えません。

しかし、すこし考えてみれば「YES/NO」型の質問も「自由回答型」の質問に変えることができます。例えば「一人暮らしなのですか?」という質問は「一人暮らしで楽しいことってなんだと思います?」というふうに変更することができます。

相手が一人暮らしかどうかは、この場合あまり関係ありません。なぜなら相手が一人暮らしだとすれば「そうだねぇ、一人暮らしの良いところは…」と一人暮らしに関して話してくれるでしょうし、もし一人暮らしではなかったとすれば「私は一人暮らししたことがないからわからない」という回答が返って来るだけだからです。

いずれにせよ「相手の考えを引き出す」形の質問であれば、「相手の状況がどうか」

ということとは関係なく、相手が自分の考えを自由に話すことができるようになるので、自然に相手は雄弁になり、「じっと相手の話を興味深く聞く」という姿勢に持っていきやすくなります。とはいえ、「ＹＥＳ／ＮＯ」型の質問を、話を弾ませる意味で使うのはできるだけ避けた方がいいでしょう。

こう考えていくと「ＹＥＳ／ＮＯ」型の質問はあまり効果がないように思うかもしれませんが、実はこのＹＥＳ／ＮＯ型の質問には違う効果があり、その使い道ならばむしろ良い効果を得ることができます。

それは「相手の気持ちを肯定的にする」ことです。

相手が話していることは当然相手自身も自分の耳で聞いています。ですから自分がずっと「肯定的な答（はい、そうです）など」をしているうちに、自分自身が「乗り気だ」という気持ちになっていくという効果があるのです。ですからあなたが「こうしたい」というふうに思っていることがあれば、このＹＥＳ／ＮＯ型の質問を続けることで、ある程度は相手を話に乗り気にさせることもできるのです。

具体的に説明するとこうなります。例えばあなたが初めて出会った人が気に入り、なんとか映画に誘いたいと思ったとしましょう。その映画が「TAXI　NY」だったとしたら、こういうふうに話を持っていけるわけです。

相　手「TAXI　NYまだ見てないんだけど、見に行きたいなぁ」

あなた「リック・ベンソンの映画って面白いよね。TAXIは見たの？（当然見ているはずだがあえて聞く）」

相　手「うん（肯定）」

あなた「そうなんだ。私も見たよ。「フィフスエレメント」もリック・ベンソンの映画だったっけ？」

相　手「そうだね（肯定）」

あなた「ビデオでもいいけど、やっぱり映画館でみたいよね？　そう思わない？」

相　手「うん、映画館の方がいいよね（肯定）」

あなた「でも、見に行くんなら1人よりも友達と一緒のほうが楽しいと思わない？」

相　手「そうかもね（肯定）」

あなた「そうだ！　じゃあ、一緒に見に行かない？」

相　手「いいよ」

多少、説明を簡単にするために話の流れを都合良く作っていますが、要するに相手は「常に肯定的な答」をし続けることで「自分がこの話に対して肯定的である」というふうに思っていくので、最終的に「一緒にこうしようよ」という誘いに乗りやすくなるということです。

これをいきなり「一緒に映画に行こうよ！」というふうに誘ってしまうと相手の心理的抵抗は大きくなるのですが、不思議に「うん」「うん」と言い続けると、だんだんその心理的な抵抗が「下がって」いくのです。

もちろん、いつでもこの話のようにスムーズに話が進むわけではないかもしれませんが、少なくても相手にYES／NO型の質問をして、常に「YES」と言わせるように話の流れを作っていくと、普通では説得しにくいことでも比較的簡単に「YES」という返事をもらえるようになります。ですからこのテクニックを覚えておくと「何か約束を取り付けたい」というときにはとても役にたちます。

さらにその技術の応用として「相手のYES／NOを飛ばして、選択肢を選ばせる」という方法もあります。これは「相手に許可をもらうのではなく、許可があることを前提に具体的な選択肢から選ばせる」という方法です。

先ほどの映画の例でいえば、あえて「映画に一緒に行くかどうか」という質問をしないで、いきなり「一緒に映画に行くなら20日がいい？　それとも26日？」というふうに聞くというテクニックです。

もともと、初めての人とデートに行ったり、2人だけで会うということは（例え気があったとしても）聞きにくく、答えにくい質問です（「私のこと好き？」と面と向かって聞けますか？　よほど親密ならともかく、最初は聞きにくい質問ですよね。答えるのも恥ずかしいし）。

けれどすでに「同意があった」という前提で「具体的にどうする」と選択肢を与えられると、意外に簡単に答えられるものです。そしてそうやって「具体的な約束」を取り付けることによって相手の気持ちをはっきりと決めさせ、プライベートな関係に持ち込むことができるわけですね。

だいたい「異性と付き合うことが苦手」という人はこの「プライベートな関係に持ち込む」ところで失敗していることが多いといえます。せっかく相手も乗り気になっていて、うまくいきそうなのに肝心な「次の約束」を取り付けられないためにそれっきりになってしまう。なぜそうなるかといえば「相手に断られたら恥ずかしいから」とか「拒絶されることが怖いから」という気持ちがあるからです。

しかし、このような「同意がある前提の選択肢」で聞くことでスムーズに聞けるようになります。相手にいきなり「電話番号教えて」とか「メールアドレスを教えて」というのはダイレクトで、断られると相当なダメージを受けることになります。しかし「20日と26日どっちがいい？」と聞かれたときならば、相手も遠まわしに「どっちも忙しいんだ」と断ることもできますし、あなたもそれほど抵抗なく聞ける質問なわけです。

もちろん相手が多少なりともあなたのことを「いいな」と思っていれば、たとえ忙しくても時間を都合してくれるかもしれませんし、「その2日は忙しいけど、この日はどう?」と提案してくれるかもしれません。

このように「ショックが少ない」聞き方をすることで、お互いに気まずい思いをせずにスムーズに「次のステップ」を踏み出すことができるというわけです。

親密になるコツその4 「2人だけの秘密」

今までは会話を通してあなたの魅力を高める方法をご紹介してきましたが、もしあなたが相手と比較的頻繁に会うチャンスがあるのであれば「2人だけの秘密」もかなり効果のある方法だといえるでしょう。

なぜ、不倫で盛り上がってしまう人が多いか分かりますか？　その大きな理由は「2人で秘密を共有している」からです。不倫をしている人は当然「2人だけの秘密」を共有していることになります。この「秘密を共有している」という連帯感が2人の心を結びつけ、より親密な関係を作り上げていくのです。

ほかの誰も知らない2人だけの秘密は驚くほど2人の親密度をあげていきます。そしてこれは別に不倫だけに限ったことではなく、普通の恋愛にも応用することができるのです。

よく「敵の敵は味方」などと言いますが、何らかの共通する意識を持っているということは連帯感を高めていきます。それほど仲の良くなかった同僚でも、上司から嫌がらせを受けて2人で悪口を言っている間に、まるで何十年来の友達のように仲良くなってしまうこともあります。これは「イヤな上司」という共通の敵がいるために、同じような嫌がらせを受けている2人がお互いを味方だと認識してしまうから起こる現象です。しかも、上司の悪口という共通の話題があるのですから、話が尽きることもありません。

幸いにして(?)あなたが同僚に恋心を寄せており、イヤな上司がいるならば「あの上司のことについて相談したい」と持ちかけるのも一つのアイデアかもしれませんが、なかなかそのような条件が揃うのは難しいかもしれません。

ただ、別にそのような方法ではなくても親密感をあげていく方法はあります。それが「2人だけの秘密」なのです。2人だけの秘密といっても別に「2人で温泉に逃避行」とか「人目を避けて深夜のデート」とかそんな大それたことが必要なわけではありません。大切なのは「どんな秘密か」ということではなく「2人だけの秘密」を持つことなのです。

具体的な例を挙げて考えていきましょう。

A子さんとBさんは会社の同僚です。

2人は普通の同僚という感じで特別親しいわけではありませんでした。

ただ、そのころA子さんは遠距離恋愛をしている彼氏がいて、その彼とメールをやりとりするためにA子さんはパソコンが欲しいと思っていました（私用メールがうるさくなってきた頃だったので）。

けれど困ったことにA子さんは全くパソコンのことは分かりません。「パソコンといえば秋葉原」と思ったのですけれど、A子さんは秋葉原に足を踏み入れたことがなく、たとえ行ったとしても何を買ったらいいかさっぱり検討がつきません。

困ったなーと思っていたのですが、会社でBさんと雑談しているうちに「じゃあ、俺がついていってあげるよ。俺、秋葉原詳しいし」ということになり、A子さんは好意に甘えて日曜日にBさんに秋葉原に連れていってもらうことになりました。

日曜日、駅前で待ち合わせをした2人は電気街でパソコンを物色し、手頃な値段で買うことができました。「どうせ重いだろう」と思っていたBさんが車で来ていたので、A子さんはBさんに家まで送ってもらうことになりました。

お世話になりっぱなしで申し訳ないと思ったA子さんは途中でBさんに夕食をごちそうすることにしました。

レストランで食事をしながらBさんはふと言いました

「なんだかこれってデートみたいだね。でも、A子さんの彼氏が知ったらあんまり嬉しくはないだろうし、あらぬ疑いを会社で受けたら困るだろうからこれは〝2人だけの秘密〟ということにしよう」

A子さんもその意見がもっともだと思ったので、それに同意しました。

さて、この話は私の友達から聞いた実話ですが、この後2人はどうなったと思います?

実はこの2人、その後紆余曲折をへて結局付き合うことになりました。その詳細を書くと話が長くなるので割愛しますが、この話のキーになっているのは「2人の秘密」を持ったことです。

正直なところ、この2人の出来事は秘密でもなんでもありません。A子さんの彼氏が知っても「ふーん」というようなことですし、社内でもまさか「2人が怪しい」とは誰も思わなかったでしょう。ただ、Bさんが（意図的かどうかは分かりませんが）「これは2人の秘密にしよう」と言ったことが、2人の関係を逆に急激に近づけてしまったのでした。

秘密を持つということは「他人に言えない出来事がある」という意味です。つまり言い換えれば「2人には特別な関係がある」ということをお互いが認めることになるわけです。

そうすると不思議なものでお互いの気持ちが「その事実に感情を合わせてきてしまう」という現象が起こります。これは例えば、いきなりキスしてしまった2人が、その後恋愛感情を覚えてしまうのと似た現象です。

特に女性は「自分の中の整合性」をとろうとする働きが強いといわれています。つまり「意味もなくキスする」という事実が自分の中に受け入れられず（実際はそうだとしても）、その矛盾を解決するために「自分は本当はもともとその人が好きだったのだ。

だからそうなった」と自分の感情の方を合わせてしまうという現象です。

これと同じように「2人の秘密」を持っているということはとても心に矛盾を抱えるものです。なぜなら本来「秘密」（特別な関係）は特別な人としか持たないはずのものだからです。ですから感情はその矛盾を解決しようとして、「つまり私はもともと2人だけの特別な関係を持とうとしていた」と思ってしまうのです。

ではこれを恋愛に応用するには？　もちろん、2人だけの秘密を何とかして持つことです。先ほどの例をみても分かるように「秘密の重大さ」はあまり意味はありません（とはいえ大きな秘密の方が効果的ではありますが）。

2人だけで食事に行く、2人で遊びに行く、何かの企画を一緒にするetc

内容は何でもかまいません。要は「2人だけで秘密を持っている」ことが大切なのです。これはなかなか意図して機会を作るのは難しいかもしれませんが、意識していれば必ずタイミングはやってきます。先ほどの例のように偶然帰りが一緒になったとき、何か困りごとがあったとき、何か手伝って欲しいときなどに、相手に「個人的に」協力を求めましょう。

そして一言必ず付け加えてください。「このことは人に知られると何となく恥ずかしいので、2人だけの秘密にしておいてくださいね」

この"魔法の一言"が相手の気持ちを大きく変えることがあるのです。ちなみに「友達のサプライズ結婚お祝いパーティー」の幹事同士が恋に落ちる例が多いのも、「2人の秘密」（実際にはみんなの秘密ですが）を持っているからです。

あなたの好意を寄せている人と共通の友人を持っていて、その友達が結婚するのであればあなたから「サプライズパーティー」を持ち込んでみるというのはどうでしょう？

そうすれば定期的に会う機会も増えますし、2人の秘密も共有できるのでまさに一石二鳥です。

親密になるコツその5　「同好会」

相手からうまく話を引き出し会話が弾むようにすることも大切ですが、そのやり方の最大の問題点は「相手が乗ってくるかどうかに左右される」ということです。

あなたがあまり話をするのがうまくないのであれば、相手主導で話をするのもいいですが、もう少し積極的になるのであれば、もっと手っ取り早く仲良くなる方法もあります。その方法とは「○○同好会を作る」という方法です。

といっても別に何人もメンバーを集めたりする必要はありません。ただ、相手の興味を持っていることを一緒に体験し、愉しむ「2人だけの会」を作ればいいのです。

ゴルフをやったことがありますか？　もし、ゴルフをしている人と話す機会があれば試しに「最近、友達に誘われてゴルフを始めたんですけれど、なかなかうまくならないんです。どうしたらいいでしょう？」と話を振ってみるといいでしょう。ほとんど例外なく「いや、やっぱりコツはね。壁だ、壁。ここらへんに壁があるとイメージして…」と放っておいても10分くらいは確実にいろいろなことを話し始めます。なかには頼んでもいないのに、いきなり立ち上がっておもむろにスイングを実践する人さえいます。

まあ、ゴルフの場合はちょっと特殊かもしれませんが、大体において「自分の好きなこと、興味のあることに関して教えたり、話したりしたい」という欲求は、その人が何かにはまっていればいるほど強いものなのです。

繰り返しご説明しているとおり「自分の話を黙って聞いてくれる」という人は貴重な存在です。ですからその方面に話を振ることで、多くの人は得意げに話をしてくれるものです。もちろん、それで親近感を高めるのでもいいのですが、どうせならそれを応用して「2人きりで会える状況を作る」のに利用しようというのがこの方法なのです。

そもそも、「2人きりで会う」というのはとても敷居の高い行為です。友人たちで集まるよりも親近感は高く、そしてとても特別な感じがしますし、やはり2人きりでデートするというのは一般的な日本人の感覚では「付き合う一歩手前」という感じが漂い、誘う方も誘われる方も結構身構えてしまうわけですね。

例えば、こう誘うことを考えてみてください。

「ねえ、来週一緒にご飯食べに行かない?」

この誘い方がもっともまずい理由としては「相手を誘うべき理由がない」ということです。この言葉に対して「なぜ自分?」という質問をぶつけたとしたら、その答は一つだけです。すなわち「あなたに気があるから」というわけですね。これは「形を変えた告白」のようなものです。誘いを受けたほうも「この誘いに乗ってしまったらOKという意味になってしまうかも」と思い、どうしても二の足を踏んでしまうことになってしまうでしょう。

けれど例えばこの誘いをこう変えてみたらどうでしょう?

「〇〇〇というヘンなバーがあるんだけど、すごく面白いんだって。一緒に行ってみない？」

ここでポイントになるのはあくまでもメインは「〇〇〇という面白いバー」であり、誘いは「従」です。つまり「〇〇〇に行きたいけれど、1人では行きにくい。だから一緒に行こうよ」という雰囲気になり、「あなたと行きたい」という意味合いが少し薄まるわけです。

もちろん、相手も薄々は「自分に気があるのかも」と察することはできるでしょう。しかしそれでも、一応「そこに興味があるから行きたい」というエクスキューズ（言い訳）ができるわけです。残念ながら相手があなたに全く興味がないならば、たとえ行き先がラスベガスでもディズニーワールドでも断られるでしょうが、少なくても「イヤではない」レベルであれば、ぐっと誘いに乗りやすくなるというわけです。

この「エクスキューズ」というのはとても大切な考えです。

このような誘いをするタイミングでは、まだ相手とあなたの間には深い信頼関係が築かれていません。その状態でいきなり「2人きりで飲みに行きましょう!」というのは、相手によっては「高いハードル」になってしまう可能性があるわけです。

例えば英語教室で考えてみると、体験レッスンもなくいきなり「入会するのか?」「やめるのか?」を迫られているようなものです。もともと興味がない人は「体験レッスン」にも行くはずはないのですが、「ま、無料で体験レッスン受けてみて、いやだったらやめよう」というエクスキューズがあると、比較的簡単にその誘いに乗れるわけです。

このような「楽しい体験」「珍しい場所」「非日常的な空間」へのお誘いは男女を問わず興味を持ちやすく、エクスキューズが持ちやすいお誘いです。もしかしたら相手は「単にあなたの誘った場所に興味がある」だけかもしれませんが、それは仕方がありません。まずは「いい関係」を築くことが大切なのです。

「でも私はへんてこなバーも、素敵なレストランも知らない」というあなた、心配はいりません。バーやレストランは誘いやすい場所ですが、それよりも行きやすく誘いやすい場所があるのです。

それは「相手が興味を持っているもの／場所」です。

例えば相手がゴルフやスキーなどに興味があれば「私も始めたい。一度連れて行って」と誘うとかなりの確率でＯＫをもらうことができます。またスポーツでなくても車ならばショップ、音楽ならライブなど関連している場所はたくさんあります。

つまりあなたは「相手の得意な分野に興味を持つ初心者」になり、相手のよく知っている場所を教えてもらうという姿勢をとるわけです。誰でも自分の得意な分野に関しては「人に教えたい」「存分に話したい」という欲求を持っていますから、放っておいても熱心にあなたに教えてくれるようになります。

さらに効果的にするには、「○○○同好会」の発足を相手に働きかけることです。

「ゴルフグッズ同好会」「ラーメン食べ歩き同好会」「神田古本探し同好会」「不思議な

レストラン探求同好会」etc

別に趣味と呼べるようなものでなくても、作ろうと思えばいくらでも作ることができます。ですから相手と初めて会ったときに相手の行動、嗜好をよく聞いて、「あ、それ興味ある。一緒に○○同好会を作ろう！」と誘っておきましょう。そうすればその後連絡した時に「○○同好会の会合はいつにしますか？」というような聞き方をすることで、婉曲に（恥ずかしくなく）デートに誘うことができるようになるわけです。

さらにいいことは「同好会は、普通永続的に活動する」ということです。あなたと相手の初めての「同好会の会合」が楽しいものであれば、次回はさらに簡単に誘うことができるでしょう。さらに同好会という比喩をうまく活用すれば「毎月第3水曜日は定例活動の日」ときめ定期的にデートしたり、「活動報告」と銘打ってメールを送ることもできるようになります。

この同好会はあくまで「照れ隠しのための比喩」であり、エクスキューズです。もし、活動中にお互い相性が合わないと思えば、「ただの友達」になることも「活動停止」にすることもできます。そしてもちろん、本来の目的は「この活動を通して仲良くなっていく」ことです。こうやって定期的に会い、そして共通の話題ができるようになれば、今までよりもずっと簡単に親密な関係を築いていくことができるでしょう。

この「2人だけの同好会」ですが、もしあなたや相手が望むなら増員するのもいいでしょう。特に男性は、自分の趣味の世界の友達と恋人（候補？）が会うことを希望する傾向にあります。いくら気が合う相手でも、自分の友達とうまくやっていけない人とは付き合いにくいと思いますし、できるなら貴重な休日を友達と恋人同時に会えたほうが都合がいいからです。

それにあなたにとっても、相手の友達とアクセスできるようになることはいいことです。あなたの知らない面を聞けたり、2人の間を取り持ってくれる可能性もありますし、もし運悪く相手とうまくいかなかったとしても、そのネットワークの中でもっとあなたに適した人が見つかる可能性もあるからです（あくまでも相手と良好な友達関係を保っていれば、の話ですが）。

また、運悪く相手が「これという興味」を持っていなかったとしたら、逆にあなたの世界に引き込んでもいいでしょう。相手と初めて話したときにあなたが興味を持っていることに相手が興味を示せば「同好会設立」を働きかけることもできます。もっとも、この場合はあなたがあまり夢中になって、相手を置き去りにしないように気をつける必要がありますが。

ともかく大切なのは「まずは友達になる」ということを心がけることです。

以前もご紹介したとおり「友達以上、恋人未満」の状態をどれだけうまく乗り切れるかで、その後の明暗が分かれます。もちろん、最初から2人が「燃え上がり」一気に恋人同士になることもありますが、そのほうがどちらかといえば、例外だということを覚えておいた方がいいでしょう。まずは関係を深める、そして次第に親密になっていくというステップを踏むことは、回りくどいように見えて実は一番最短のやり方なのです。

親密になるコツその6 「ザイオンの魔法」

親密な関係を築くのに役立つものとして「ザイオン効果」という心理的効果があります。

これは「単純接触効果」ともいわれ、簡単に言えば「接触が多い人は仲良くなる」という出来事を示しています。

毎日会ったり、話したり、やり取りをしている人々は自然に仲良くなることが多いものです。例えば道で何となく知っているような、親しい感じのする人とすれ違い、誰だか分からないままお辞儀をしておいたら、毎日使っている駅の駅員さんだったなどという体験もその一種です。

もちろん、毎日会っているからといって全員が全員「好きになる」わけではありません。当然、好みというものがありますし、毎日会っていなくても好きになる人は好きになります。けれど、少なくても言えることは「できるだけ毎日接触することで、親密度を上げる」ことはできます。そこで相手も「憎からず」思っているのであれば、効率的に親密度を上げていくこともできるというわけですね。

この「ザイオン効果」は別に直接会わなくても（もちろん、会うのが一番ですが）、手紙やメール、電話などでも代用することができます。つまり「1週間に1度2時間会う」くらいであれば「毎日10分メールや電話で話す」方がより高い効果を上げることができるというわけです。友達の紹介や何らかの会合でとりあえず「友達」になれた相手と親密度を上げていきたいのであれば、このザイオン効果はとても役に立つ方法です。

とはいえやみくもに毎日メールをしたり、電話をかけたりすると「ストーカー」と間違われる可能性があります。マーケティングの用語でいえばまずは「パーミッション（許可）」をとる必要があるのです。

当然のことですが、相手に許可なく毎日のように連絡することは相手にとって迷惑だと感じられてしまいます。よくインターネットのメールなどで「○○のお買い得情報」

などという「スパムメール（迷惑メール）」がやってくることがあります。別にメールを送ってもいいと言った覚えがないのに、毎日のようにメールがやってきて、連絡先も書いてありません。

いくら「ザイオン効果」を狙っても、このような失礼な方法ではかえって嫌悪感さえ感じさせてしまいます。あくまでも「相手が送ってほしい」という前提があって送るべきで、もし相手が「やめてほしい」と言ったらすぐにでもやめた方がいいでしょう。

ですから、まずあなたは「相手にメールを送ってもいいか？」ということを確認する必要があります。とはいってもいきなり「毎日メールを送ってもいいか？」というと何かの勧誘でもされるのかと思ってしまうので、何らかの理由を探すことが必要でしょう。

例えば「メールがあんまり来なくて寂しい」と言う相手に「じゃあ、私が頻繁に送ってあげる」というのもいいでしょうし、一人暮らしで起きられない相手に「おはようコール」や「今日の出来事メール」などを送るのもいいかもしれません。

本来は電話で話す方がより効果的なのですが、あなたが電話したときに相手が出られる状況かどうかわからないため迷惑になってしまうこともあります。そういう意味では手紙やメールなど「相手が好きな時間に読める」方法を選んだ方がいいでしょう。

また、律儀な人は必ず返事を書かなければと思い、逆に心理的プレッシャーになってしまうこともあるので、「私が送りたいから送っているだけなので、返事はいらない」とあらかじめ断っておくと相手も気楽に読むことができます。

ともかくあなたの目的は「毎日接触を保つ」ことなのです。相手からの返信や連絡があった方がいいですが、なかったとしても目的を達成することはできます。また、定期的にあなたの「出来事」を相手に知らせることができるので、次に会ったときの話題作りにも役立つはずです。

さらに効果を上げるためには「毎日、同じ時間に送る」ということが大切です。人間は40日以上同じことを続けると「習慣」として定着します。毎日夜8時には必ずあなたからメールがあるとなれば、相手は次第にそれを待つようになっていきます。このように最低1日1回はあなたに関心が向くようにしていくことで、相手の中であなたが「特別な存在」になっていくことができるのです。

このように説明すると「そんなふうにしつこくメールを送って嫌われないか?」とあなたは心配するかもしれません。確かにその心配はあることでしょう。

けれど、よく考えてみてください。

相手は超能力者ではないのですから、あなたがいくら心に強く相手のことを思っていたとしても、相手にはちっとも気づいてもらえないのです。そしてもっと大事なことは「多分、ライバルも同じことを考えている」ということです

具体的にライバルとして誰か特定の人がいるかどうかは別として、あなたが好きになるくらいの素敵な人ならば当然ほかに狙っている人もいるはずです。けれどそのライバルもやはり同じように考えているわけで、あなたが行動を起こせば、その差はとても大きなものになるのです。

少し極端な言い方をすれば「どんなことをしても、上手くいくときには上手くいくし、

上手くいかないときは、どんなことをしても上手くいかない」ものです。これはちょっと自分に置き換えてみていただければ簡単に分かることです。

例えばあなたの好ましいと思う異性が頻繁に連絡してきたり、親しく電話してきてくれたらどう思いますか？　きっと「優しい人だな。かわいい人だな」と感じるに違いありません。

けれど同じことをまったく好みではない人や、嫌いなタイプからされたらどうでしょう？「しつこいな！ストーカーみたいだな」と思い、できれば連絡して欲しくないと考えることでしょう。つまり問題は「何をするか」ではなく、「誰がするか」なのです。

あなたは何も「今すぐ付き合ってくれ」ということだけを相手に望んだのではありません。「友達としてでもいいから、メールしてもいい？」という簡単なオファー（申し入れ）さえも受け入れてくれない相手なのです。

それはつまり「今は彼女がいて他の異性とは話すこともできない」という意味か「全く好みではない」という遠回しな拒絶だといえるでしょう。

そのような相手にいくら食い下がっても2人が上手くいく確率はほとんど”ゼロ“に

等しいのです。そのような人に関わりあっていてもあなたには何のメリットもありませし、少なくてもそれが分かっただけでもラッキーです。別に世界に男性はその人1人というわけではありません。

もちろん「片思い」でいる甘く切ない時間も悪くはありませんが、できるなら「思い思われる」理想的な関係をもっと他の人と見つける方が、あなたにとっては役に立つことなのです。

もちろん、拒絶されることは愉快なことではないでしょう。けれど別に「あなたという人が拒絶された」のではありません。たまたま相手とあなたの相性が合わなかった。ただそれだけのことなのです。こうやってはっきりと結論が出れば、かえってすっきりとして「また別の素敵な人」を探し始めることもできるわけです。

ところで、では相手があなたの申し入れを受け入れ「いつでもメールしてもいいよ」と言ってくれたとしたら、その後どうすればいいでしょう。ずっとそのつながりを大事に育てていき、少しずつ良い関係を作り上げていくというのも悪くはありません。

しかし反面、「いつまでも結果が出ない」「こんなことしていて意味があるのか?」と不安になってしまうこともありますね。それに相手は「連絡してもいい」という許可をくれただけなので、それからもう一段進展させるためには、なんらかの「きっかけ」が必要な場合もあります。

ですからそのようなメールを40日ほど続けた後、一つ「大勝負」にでて急激に関係を進展させる方法もあります。

先ほども書いたとおり「人間は40日間続けるとその行動が"習慣"として染み付く」といわれています。例えばあなたが毎日、駅のコーヒーショップでコーヒーを飲むようになったとします。最初は何気なく始めたことも、ほぼ1ヶ月続けると"習慣"になります。

コーヒーが飲みたいかどうかは別の問題です。ともかく「朝、駅に行ってコーヒーを飲む」という行為をしないとなんとなくしっくりこなくなってしまうのです。

同じことがあなたのメールにも起こっています。

あなたが毎日毎日〝同じ時間に〟（ここが大切でしたね。覚えてますか？）メールを送るということは、相手は毎日毎日、同じ時間に少なくてもメール着信のベルを聞きメールの内容も読んでいるでしょう。

ですからある日をもってメールを送るのを「突然中止する」のです。

その日からは数日、メールはおろか相手にも会わないようにします。特に何かのきっかけは必要ありません。出し抜けに相手との連絡を「絶つ」のです。相手は当然、「不安な気持ち」になります。人は誰でも「誰かに好かれている」というのは気持ちの良いものです。ましてやあなたは毎日毎日、一生懸命相手に対してアプローチを続けていました。

その人が突然、相手の前から消えうせたように見えるのです。

相手は必死にその理由を考えます。最初の１日はそれでも「たまたまだろう」と考えています。しかし、２日たち、３日たち…、日がたつにつれて相手の不安は増していきます。そして相手は「その不安定な状態を解決したい」と考え、行動に出始める可能性が非常に大きいのです。

これが「ツァイガルニック効果」と呼ばれる心理的現象です。私たちの脳は「不完全な状態を嫌い、解決を求める」ようにできています。ですから答えが分からないクイズ、誰かが言いかけた言葉、ドラマの続きがとても気になってしまうのです。

どのような形でも「結論」を得ると私たちは安心します。そしてその結論が得られない状態ではなんとかしてその答えを求めようとして必死に働くようにできているのです。

これはマーケティングや広告の世界では「ティザー（じらし）」と呼ばれる手法で応用されています。つまりＣＭや雑誌などで「〇〇とは何だ？」という疑問だけ投げかけて答えを与えずにじらし、興味を引くという方法です。

例えばスピルバーグが「宇宙戦争」という映画を作ったとき、盛んにあちこちで「宇宙戦争とは？」という広告を見かけました。あまりにも頻繁に「宇宙戦争、宇宙戦争」という言葉を見かけるのですが、ちっとも何なのかが分かりません。

新しい小説？　映画？　それとも昔のラジオドラマか？

私たちの心の中にはずっと疑問が維持されます。その結果自然に「宇宙戦争」という言葉に興味がわいてきて、その答えを知りたいと思うようになります。そしていよいよ封切りが近いとき「宇宙戦争」が映画のタイトルだと知ることができるわけです。

正直言っていきなり「宇宙戦争」という映画がありますよ。といわれてもあまり印象には残らないことでしょう。けれどこうして「宇宙戦争ってなんだ？」という疑問を長く引っ張ることにより、その言葉への興味を引き出し、そして実際の答えが得られたとき大きなインパクトを残すことができるわけです。

さて、この手法を応用したのがこの作戦です。あなたから突然コンタクトをたたれることにより「作られた不安」に追いやられた相手はどのように考えるでしょう？

まずは「なぜ、あなたがメールをよこさないようになったのか」を理解しようとします。

そしてその過程で「あなたが相手に対してどれだけ価値があった人」だったかを自分自身に説明しようとし始めるのです。なぜなら相手は「あなたのことが気になって」おり、それ自身も一つの大きな「不安」なのです。

「なぜ自分はあなたのことが気になるのだろう?」と自問自答を始めた相手の気持ちは一つの合理的な解決を見つけます。それは、「なぜなら自分もあなたのことが好きだから」という結論です。

かくして「自分の気持ち」に気づいた相手は、自分から積極的にあなたにコンタクトを始めるでしょう。そうなればしめたものです。連絡をしなかった理由はどうとでもなります。「急に田舎に帰る用事があった」「携帯をなくしていた」などいくらでも理由は作れるのです。

そしてあなたはそのときに気づくはずです。今までよりもずっと親密になり、積極的になった相手の気持ちに。

とこういうふうにいつも上手くいけばいいのですが、残念ながら「返り討ち」にあう可能性もなくはありません。意を決して連絡を絶ってみたはいいけれど、全くそれっきり相手からのリアクションがなくなってしまう可能性もないわけではないのです。

そうなれば「ミイラ取りがミイラ」という状態です。あなたが見事「ツァイガルニック効果」の餌食になり、「こんな不安な気持ちならいっそふってほしい」願うことになってしまうこともあるかもしれません。

しかし考えてみれば、これだけアプローチをしてなびかないというのは「脈なし」といってもいいのかもしれません。先ほども書いたとおり「脈のない人にいくら固執してもあまりいい結果は得られない」のです。そうなったら仕方ありません。今回は縁がなかったと思ってあきらめるしかないでしょう（だからこそ大勝負なのです）。

なんだかずいぶんドライな話なように聞こえるかもしれません。「アプローチして、コンタクトして、勝負して駄目ならあきらめる」なんて、なんだかパターン化していやだなあと感じる人もいるとは思います。しかし、「片思いが辛い」のもほかならぬ「ツァイガルニック効果」のせいなのです。

「もう半分あきらめているのに、どうしても未練が断ち切れない」というのはこの「不安定な状態」にあなたの心が拒否反応を示しているからです。「一刻も早く結論を出して欲しい」という心の叫びに逆らい、ずっと片思いでいるのは非常にストレスが高いことです。

ですからどこかで「節目」は必要です。「連絡を絶って1週間しても連絡がないならあきらめる」と自分で「終わり」を設定することは、実はあなたの心と気持ちを守る結果になるのです。

この方法を繰り返していけば、必ず「ヒット」する局面がやってきます。その人こそあなたのことを好ましく思い、相性のあう相手なのです。「相手に食い下がって」卑屈な状態で付き合ったり、辛い片思いをずっと引きずるより。この方がずっと建設的です。

あなたのことを評価してくれる人は必ずいます。そしてその人を見つけることが、あなたにとっては一番大事なことなのです。

この章のまとめ

- 「友達以上、恋人未満」の状態がもっとも大切。進展を急いではいけない
- チャンスを積極的に生かそう。相手から見初められることばかりを期待してはいけない
- 自分の良いところをアピールできるように考えておこう
- 自分が喋るのではなく、相手をうまく喋らせよう。ほとんどの人は自分の話をすることに飢えている
- 「ＹＥＳ／ＮＯ」で答えられる質問は避け、できるだけ相手に話をさせよう
- 「デートしましょう」ではなく「デートするのは来週？　それとも再来週？」と尋ねよう
- 「２人だけの秘密」を作ろう
- 相手の得意なことを教えてもらおう。相手と同好会を作ろう
- 相手に40日以上、同じ時間に連絡し続けよう
- 断られることを怖がらないようにしよう。相手に気がなければどのみち断られるのだから

第5章

恋愛から結婚へ

Chapter 5

「別れ」とうまく付き合う

さて、あなたが素敵な人と恋愛し結婚に至るためには、どうしても一つ理解しておいて欲しい考え方があります。それは「あなたが結婚するためには別れとうまく付き合うことが必要だ」ということです。

私は恋愛にとって一番大切なことは「別れること」だと思っているからです。「別れること」と「付き合い始めること」どちらが難しいと思いますか？「どちらも同じくらい簡単」というあなたなら問題はないでしょうが、普通は「別れる」方が何倍も難しいものです。

相手からふられる。または自分から別れを切り出す。どちらのパターンにしても別れるというのは非常に後味が悪いものですし、エネルギーが必要なものです。さらに困ったことに、私たちは「現状あるものはできるだけ壊したくない」という気持ちが強いものです。ですからよほどの強いきっかけがないと、できるだけ現状維持したいという心理が働きます。その結果、たとえその恋愛に見込みがないと分かっていても、すでにできあがっている関係にしがみついてしまうことも少なくありません。

また、逆にあまりにも「あきらめが良すぎて」ちょっと気に入らないことがあると簡単に関係を絶ってしまい、なかなかいい関係に「育たない」という悩みを抱えている人も多いものです。しかし、「あきらめが良すぎる」から淡泊なのかといえばそうだとも限りません。じつはあきらめが良すぎる人も煎じ詰めれば「もっと良い関係があるのではないか」というアイデアに固執しているため、ちょっとうまくいかなくなるとすぐ「新しい関係を見つける」方向で物事を解決しようとしてしまっている可能性もあるのです。

いずれにせよ問題は「"別れ"とうまく付き合えない」ことです。ただただ別れないことがいいわけでもありませんし、やたらめったら別れを切り出すことが得策なわけでもありません。「だめだと思ったら適切な時期に適切に別れる」ことができてこそ、良い関係を長続きさせることができるわけです。

あなたにとって大切なのは「固執から解放される」ことです。そういう意味で別れは「脱出用パラシュート」に似たものだと思ってもいいでしょう。いくら上手に飛行機を操縦できるとしても、脱出用パラシュートの使い方が分からなければ安心して飛行機を操縦することができません。またうまくパラシュートを扱えるという自信があるからこそ、多少のトラブルでもあわてることがなくなるわけです。

「別れ」と上手につきあえば
何度でもやりなおせる

確かにうまく操縦できているときはパラシュートは必要ないかもしれません。しかし、何かの拍子でアクシデントやトラブルに見舞われたとき、脱出できなければそのまま海に真っ逆さまになり二度と飛行機に乗ることができなくなるでしょう。

しかし「脱出用パラシュート」の使い方さえ分かっていれば、例えトラブルに巻き込まれても素早く脱出して、また違う飛行機に乗ることができます。最初はもしかしたら「脱出するタイミング」がうまくつかめず頻繁に脱出することもあるかもしれません。なぜなら最初は操縦に慣れていないために、多少のことでも「致命的なトラブル」だと感じてしまうからです。

しかし、あなたさえ無事ならば何度でも操縦にトライすることができます。そしていつかはトラブルが起きてもうまく対処でき、「脱出する」必要がないフライトに漕ぎ着けることができるはずなのです。

ではなぜ、それほど「別れることが大切なのか」を具体的に説明していきましょう。

恐怖と貪欲

あなたが悲しい恋に縛られたり、なかなか見込みのない人と別れられない理由。
このメカニズムは「Ｆｅａｒ＆Ｇｒｅｅｄ」という考え方で説明することができます。「Ｆｅａｒ（恐怖）」と「Ｇｒｅｅｄ（貪欲）」はもともと株式取引から来た言葉です。
損をしたくないのになぜか損をしてしまうことが多い株の取引、みすみす失敗だと分かっているのに、なぜか不合理な行動に走ってしまう。このような行動を起こさせるのがこの「Ｆｅａｒ＆Ｇｒｅｅｄ」です。この二つの感情は人間の根本的な感情で、なかなか克服する事は難しいものです。

分かりやすく例を挙げて考えて見ましょう。

あなたは今、ＴＶの勝ち抜きクイズに参加しています。

順調に勝ち抜いてきて次のクイズに正解できれば1000万円もらえます。チャレンジをやめることもできますが、そうなると賞金は激減。しかしチャレンジして、もし不正解ならば今までの賞金はすべて失い賞金はゼロです。まさに「イチかバチか」の状態ですね。あなたの心には強いストレスが生まれます

「ここで正解すれば1000万！ 欲しいなぁ。でも間違えたらすべて失ってしまう…」

このようなジレンマにあなたは追いやられ、ほとんどの場合、「結局、後悔する」ことになります。なぜなら「もしチャレンジしないなら」もしかしたら1000万円もらえる機会を棒に振ったのかもしれませんし、もし「チャレンジして失敗したなら」いままで貯めてきた賞金を全て失うことになるのです。

もちろん、この状態で一番いいのは「そこでチャレンジをやめる」ことです。

少なくても1000万円以下の賞金（500万円なのか10万円なのかは別として）は手に入れることができるわけですし、みすみすその賞金を棒に振る必要はないのです。

ですがこの状態で「1000万円もらえるかもしれないのに」チャレンジをしないのは

非常に精神力が必要です。

あなたはそのとき、すでに頭の中で「すでに1000万円もらった」自分のイメージを作っており、その「絵に描いた餅」を手放すのにはとても難しいことです。よほど冷静でない限り、あなたは多分この場合「1000万円にチャレンジ」するという選択をすることでしょう。なぜなら唯一後悔しないですむ選択は「チャンレンジして1000万円を獲得する」だけだからです。たとえあきらめて500万円（またはそれ以下）の賞金をもらったとしても、あなたはずっと後悔することになります。

「あの時チャレンジすれば1000万円もらえたかもしれない」と思うと、せっかく手元にある賞金も物足りない気持ちになります。「そうやって後悔するなら」と思って果敢にチャレンジし、多くの場合玉砕します。もちろん、それこそがTV局の望むところなのですけれど…。

この「みすみす失敗する可能性が高いことに飛び込んでしまう」これがFear&Greedの罠です。冷静に考えれば成功する可能性はとても低いのですが、「成功するかもしれない」という期待と「すべてを失うかもしれない」という恐怖、この二つがあなたをがんじがらめにして行動が出来なくしてしまうわけですね。

さて、このＦｅａｒ＆Ｇｒｅｅｄとあなたの恋愛の関係は？

例えば、あなたが長い間「友達」として付き合ってきた異性がいたとして、本当は恋人同士になりたいのになかなか進展がないとしましょう。こんなとき「いつまでたっても進展しないから」といってその関係を断ち切ることができるでしょうか？　なかなか普通は難しいでしょうね。なぜなら「全く自分の周りに候補者がいなくなる」ということは怖いことだからです。

こんな状態で「1人消えればまた1人現れる」と考えられる人は、かなりのポジティブシンキングです。普通は「まあ、可能性はないかも」と思いつつもだらだらと関係を続けてしまいます。しかしその結果、新しく違う人を見つける意欲が失われ、ますます悪循環にはまっていってしまいます。

また逆に「片思い」をしているときにはＧｒｅｅｄが現れてしまうこともあります。「友達以上、恋人未満」で良い関係を育んでいるときに「もう少し頑張れば一気に関係が深まるかもしれない」と思うあまり無理やりいろいろな罠を仕掛けたり、相手に過剰な働きかけをして関係を台無しにしたりしてしまうのです。

本当は「現状維持」をすることが一番大切なのですが、「もう少しでなんとか」と思う気持ちがあなたを焦らせてしまうのです。さらに「これだけ関係を続けてきたのだからいつかうまくいくかも」と思うのもＧｒｅｅｄの仕業です。

不倫関係や三角関係などでは当然あなたもかなりの時間を相手に費やしています。相手との関係を清算してしまえば、その時間は「まるまる損をした」ことになるわけですから、当然なかなかあきらめられません。「もう少し頑張れば、もう少し…」と粘るうちに時間がどんどんたってしまい、結局相手との関係が破滅したときには、何年もたってしまっていたということも珍しい話ではありません。

このように「悲しい恋」にはＦｅａｒ＆Ｇｒｅｅｄという2兄弟が大活躍します。

この2人があなたを焦らせ、または粘らせることであなたの恋をドンドン泥沼に引き込んでいってしまうわけです。

さて、ではどうしたらそれを解決できるでしょう？

これは精神論ではどうすることも出来ないことの一つです。簡単にいってしまえば「客観的に判断して、あきらめるときはあきらめる」しかないのですが「それが出来れば苦労はない」のです。解決方法として考えられるのは「ゴールを決めてそれが満たされないときは、直ちにあきらめる（たとえどんな理由があっても）」と心に決めることです。

Ｆｅａｒ＆Ｇｒｅｅｄは「明日には好転するかもしれない」という言葉が大好きです。誰だって、客観的に自分の状況を判断することはできるものです。ただ「とはいえ、明日には状況が好転するかも」と思うので、ついつい恐怖や希望（貪欲）が顔をのぞかせてしまうわけです。その「明日」が次の日にはまた「明日」になり、気づけば1年なんてあっという間に過ぎ去っていきます。

そうなるとますます「今さら切るなんて」という気持ちになり、どんどん深みにはまっていってしまうわけです。だから例えば「クリスマスまでに相手がこうならなければあきらめる」というあきらめのポイントを決め、それが満たされないときには何があっても関係を断ち切るのです。

例外は作ってはいけません！

「最近会えなかったから」とか「今は寂しいから」と考えて延長してはダメです！　その考えがすでに「Ｆｅａｒ＆Ｇｒｅｅｄ」に囚われている証拠です。もし時間がかかりそうだと思ったら最初に期日に余裕をみればいいのです。（とはいえ2年後とかあまりに長い期間はダメですが）そしてその日になって希望どおりになっていなければ「勇気をもってあきらめる」ことが必要なのです。

こうして自分の中でルールを作り、それを守っていくことがＦｅａｒ&Ｇｒｅｅdを克服する唯一の方法です。もちろんその基準も「客観的に判断できる」ものである必要があります。

「彼が優しくなったら」＝どうなったら”優しい“のですか？
「告白してくれたら」＝”２人は仲良しだよね“でも告白ですか？

曖昧に基準を作ると結局「ま、いいか」ということになってしまい、せっかくルールを作った意味がありません。繰り返しになりますが「Ｆｅａｒ＆Ｇｒｅｅｄ」はあなたのその”弱い心“につけこんでくるのです。ほとんど機械的に決断をできるようにすることが2兄弟を退治するためにどうしても必要なことなのです。

確かに「もう少し粘ったらうまくいく」ということもあるかもしれません。でもそれは「絵に描いた餅」なのです。「その人とうまくいく」ことは素晴らしいことかもしれませんね。でもそれと引き換えにあなたは自分の大切な「時間」をどれくらい賭けられますか？

1日後にうまくいくならそれは良い「賭け」かもしれません。でも1年後だったら？5年後だったら？　その年月をその人に賭けても釣り合うものですか？　あなたが「悲しい恋愛」をしている間は常に「賭け」をしているのと同じです。精神的安定、時間と精力を文字どおり「その恋愛に賭けている」わけです。

そして多くの場合、壊滅的な状況にならない限り「賭けに負けた」ことは分からないのです。

ですから「一定のところでその負けを受け入れる」ことは大切なことです。「負け」を受け入れるのは恥ずかしいことではありません。あなたは自分の精力と時間をまた違う人に「賭ける」ことができるのですし、負けたのは「賭け」が悪かっただけで、あなたの魅力とは無関係なのです。

一度出来てしまった「安定状態」を壊すのはとても面倒なことです。けれど「悲しい恋愛」で安定してしまうのは精神的に高いストレスを受けてしまい、冷静な判断力を失わせる結果になります。Ｆｅａｒ＆Ｇｒｅｅｄに振り回されないように「ここでやめる」というポイントを必ず決めて「ずるずると引きずられない」ようにすることが「良い恋愛」をするためのコツだといえるでしょう。

結婚まで1000日なんて待ってられない！

あなたが結婚するまで、あと一体何日くらい時間があると思いますか？

例えばあなたが今30歳で35歳くらいで結婚したいと考えているとすれば、残り日数は約1800日。1800日と考えると「結構ある」と思いますが、この間に「出会って」「恋をして」「プロポーズされて（して）」「結婚」にまで持ち込まなければいけないわけです。こう考えると意外に短い時間なのかもしれません。

さて、その時間のなかで知り合って結婚に持ち込むためにはどのくらいの人と付き合っていくのでしょう？　マーケティングには「成約率」という考え方があります。例えば何かの商品をPRするためにダイレクトメールを送った場合、送った相手のすべてが買ってくれるわけではありません（だといいのですが）。実際には送った人の何割かが反応を示し、問い合わせをしたりホームページを見たりした結果、購入してくれるわけです。

この「ダイレクトメールを送った総数」で「成約した人の数」を割ったものが成約率です。つまり「全体の中でどのくらいの割合が成約したのか」を表す数字ということです。例えば1000人の人にダイレクトメールを送って、4人の人が買ってくれたとしたら成約率は0.4%になるわけですね。

面白いことにこの「ダイレクトメールを送った総数」を増やしたり、減らしたりしても制約率はあまりかわりません。つまり、ダイレクトメールを1万人に送っても、2千人に送ってもだいたい同じくらいの数字になるのです。

この0.4%というのは結構高い成約率なのですがなんといっても商品が「すてきなあなた」なので、乱暴にこれをそのまま「あなたの結婚率」として考えると（実際にはもっと高いと思いますが）、あなたが「理想的な人」と出会うには約250人の人と出会わなければいけない計算になります。

1800日で250人となると、1人当たり7.2日です。つまり「だいたい1週間に1人、違う人と知り合っていけばほぼ結婚できるでしょう」という意味ですね。

しかし、毎週必ず違う人と知り合っていくというのは結構大変なことです。たとえそれが実現したとしてもただ知り合うだけではなく、実際に交際を始めなければいけません。

ただ、普通に付き合っていくと果たして1週間で結論が出るかどうかはわかりません。知り合って相手が自分の結婚相手として適切な人かどうかを知るためには少なくても2～3ヶ月、うっかりすると半年くらいの時間がかかってしまうことも、それほど珍しいことではないでしょう。

こうやって考えていくと、大切なのは「いったいいつ結論を出すか（別れるか）」ということになります。もともとあまり脈がない相手であれば、逆に話は簡単です。もっとも問題になるのは「相手も多少は乗り気で、もう少しがんばってみれば何とかなるかも」という相手の場合なのです。

別に進展があるわけではないけれど、誘えば食事くらいには付き合ってくれる。時々メールや電話で連絡はしているけれど、これという進展はない。そんな相手と付き合っていくと半年くらいはあっという間にたってしまいます。けれど「長時間努力した」からといって必ずしも報われるとは限りません。半年たって相手に恋人ができたり、結局疎遠になってしまっては、半年の苦労は水の泡になってしまうのです。

もちろん、結婚だけがすべてではありません。友達としての交流も大切ですし、そのこと自体はあなたの貴重な体験として蓄積されていくでしょう。けれど少なくてもあなたが結婚したいと考えているのであれば、あなたに与えられた時間はそれほど長くないということは意識しておく必要があるのです。

ですから「ここまでにプロポーズしたり、結婚しようという意志がなければあきらめる」「ここまでに恋人関係に進展しなければ、あきらめる」というような期日を切り、そのタイミングになったら（いくらもう少しがんばればうまくいきそうと感じたとしても）少なくてもその人を「結婚相手」の候補からはずすようにする必要があります。

別に「結婚相手の候補からはずす」としても、その人との交流をいっさい断ち切れというわけではありません。その人とは「ただの友達」として仲良くしていけばいいのです（もしかしたら、その人の友達にもっとあなたにふさわしい相手がいるかもしれませんし）。

ただ「ただの友達」にあまり過剰に時間を費やしてはいけません。そのエネルギーはもっと別の候補を探したり、新しい出会いを見つけることに使うべきです。

繰り返しになりますが、あなたに残された時間は「それほど長くはない」のです。ですからその時間をできるだけ有効に使うように考えた方がよいでしょう。

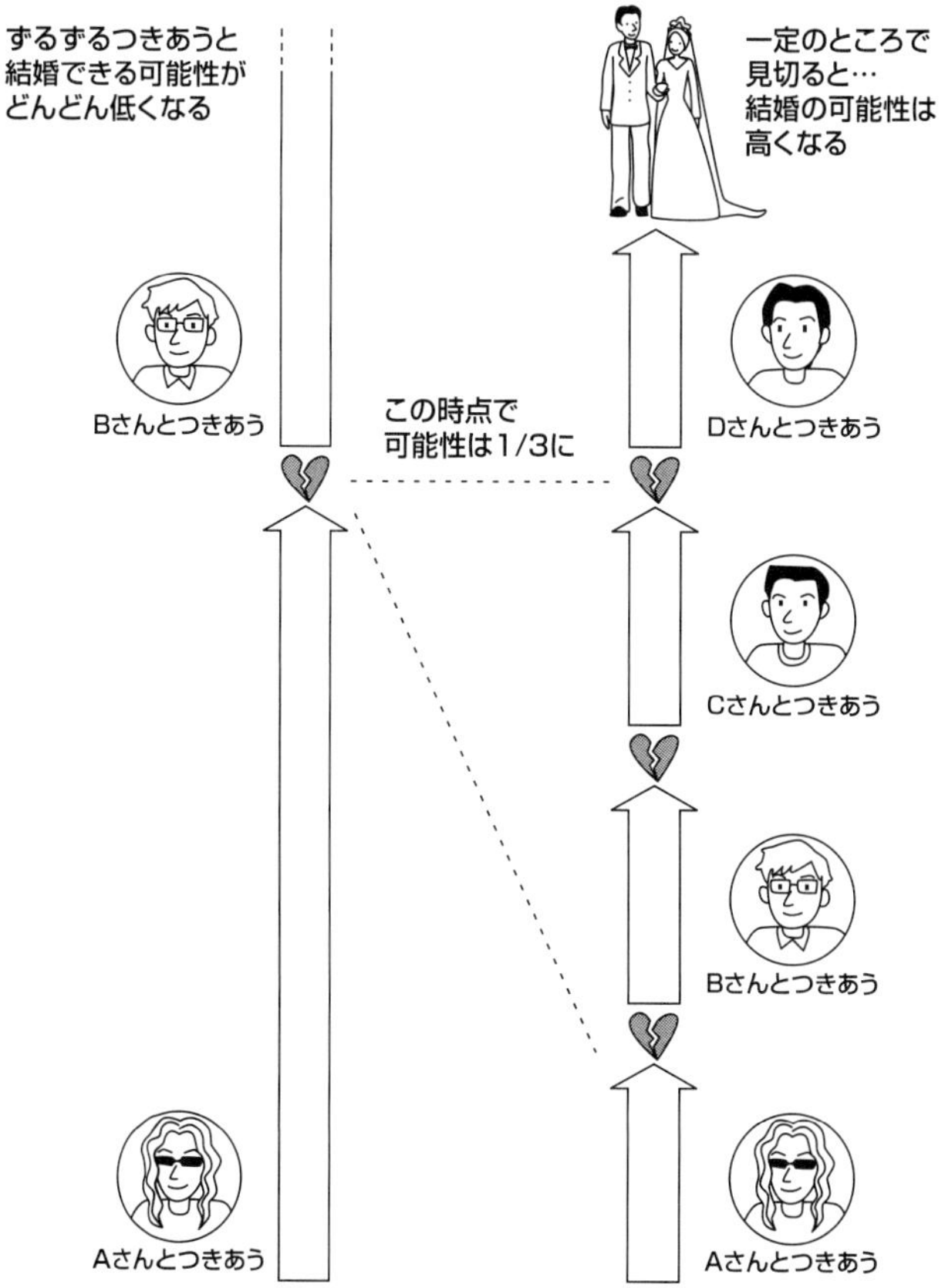
ずるずるつきあうと
結婚できる可能性が
どんどん低くなる
一定のところで
見切ると…
結婚の可能性は
高くなる
Bさんとつきあう
この時点で
可能性は1/3に
Dさんとつきあう
Cさんとつきあう
Bさんとつきあう
Aさんとつきあう
Aさんとつきあう

結婚に踏み切れない本当の理由

残念ながらあなただけでは「結婚」をすることはできません。たとえあなたがどれだけ乗り気だとしても、あなたの恋人が「結婚しよう」と思わなければ結婚することは事実上不可能です。しかし、相手が常にあなたが思うように「結婚しよう（したい）」と考えるとは限りません。

お互い気心も知れているし、いざ結婚しようと思えばいつでもできるのだけど、いざ「結婚」ということになるとなかなか踏み切れない。または、相手がなかなかプロポーズしてくれないで、結婚の話になると怒ってしまったり話をそらされたりする…。

あなたが充分に「結婚への気持ち」を盛り上げ、お互いの関係を確認していてもやはりうまくいかないケースはあるものです。そしてもしかすると他ならぬ「あなた自身」が実は結婚に踏み切れなくて、足踏みをしている可能性もあるのかもしれません。

極端なことをいえば、今までご説明してきたすべての部分はクリアしていて、相手もいる、そしてその人が理想的な相手だと分かっていても、最後の一歩すなわち「結婚に踏み切る」ことができないために悩んでいる人もかなりいるはずです。

ではここでその問題をクリアにしてみましょう。あなたは、またはあなたの恋人はいったいなぜ、結婚に踏み切ることができないのでしょう？

その理由は一つです。結婚することによって予想されるメリットが結婚するリスクを上回ることができないから、「結婚に踏み切る」ことができないのです。考えてみれば「結婚する」というのは非常に大変なことです。最近は共働きの夫婦も増えてきましたが、特に男性にとっては、あなたとの家庭を経済的に支えなければいけませんし、責任だって大きくなります。うまくいかないからといってもそうそう簡単に別れることもできませんし、かなり大きな変化が起こることは簡単に予想できます。

またこれは男女ともにいえることですが「もっといい人が現れるかもしれない」という漠然とした不安を持ってしまうことも、なかなか結婚に踏み切れない一つの理由だといえるでしょう。

例えば今まで30年近く生きてきたのであれば、単純に考えて60歳くらいまでにはもう1人くらいは「運命の人」と感じる人と出会う可能性はあります（あくまでも可能性の話ですが）。問題はその人といつ会うかもわからず、もしかしたら会わないかもしれないということです。

確かにあなたの恋人は素敵な人ですが、本当に「運命の人」かどうかは皮肉にもそれ以上の人と会わない限りわからないわけですね。そう考え始めると「もしかしたら、明日運命の人と出会うかもしれない」と、ついつい決断を先延ばしにしてしまい、気づいたら何年もたってしまったということもあるでしょう。

このほかによくあげられる理由としては「結婚したら、相手の人格がガラッと変わってしまうのではないか」という考えです。確かにテレビやドラマの中で「結婚するまではあんなにやさしかったのに…」という暴力夫や、「知らない間に莫大な借金をして一家離散」という不幸なケースが頻繁に取り上げられています。

あらかじめそんな事態が予想できるのであればだれも結婚することはありませんが、この「結婚するまではあんなにやさしかったのに」というところがミソです。こればかりは結婚してみないと分からないので、ついつい結婚に対して慎重になりすぎてしまうという人もいるでしょう。

つまりこのような「本当にやっていけるのだろうか?」「これ以上の人が現れないだろうか?」「相手が豹変しないだろうか?」などという漠然とした不安が拭いきれず、そのリスクを負ってまで結婚したいというほどの気持ちになかなかなれないというのが「結婚に踏み切れない理由」だといえるでしょう。

よく考えてみればこのような不安は一種の妄想だということが分かります。確かに今の恋人以上の人と出会わないということは誰も保証できません。けれど「必ず出会う」ということも何の根拠もないことなのです。「まちぼうけ」という童謡ではありませんが、「白馬に乗った王子様」がやってくるかどうかもわかりませんし、あなたの恋人が「白馬に乗った王子様」だということは、恋人と別れた後でしか確認することはできないのです。

また「うまくやっていけるかどうかわからない」というのも無理な話です。だれでも最初は、結婚は初体験です。これは今まで水泳をやったことがない人が「泳げるかどうかわからないから水泳はやらない」と言っているようなものです。これはかりは実際にやってみないとうまくいくかどうか分かりませんし、うまくいくように努力するしかないわけですね。

さらに「相手が豹変するかもしれない」と考える人もなぜか「相手が驚くほど良いパートナーになるかもしれない」という可能性については考えていません。確かに不幸にして「豹変するパートナー」にぶつかってしまうこともあるでしょう。けれど幸い日本では一度結婚したからといって絶対に別れることができないという制度はないのです。明治時代ならいざしらず、どうしても我慢ができなければ離婚することだってできます。一生が台無しになるわけでは決してないのです。

このように考えていくと、結局のところ結婚に踏み切れないのは「漠然とした不安」が原因で、相手の問題ではなくあなたの（もし相手が踏み切れないのであれば相手の）問題だということが分かるわけです。

もしあなたがこの「漠然とした不安」がもとで結婚に踏み切れないのであれば話は簡単です。ただあなたが「その漠然とした不安に意味がない」ということを知ればいいのですから。しかし、あなたの恋人が結婚に踏み切れずにいる場合、一体どうすればいいでしょう？ マーケティングではこの問題を「カウンターオファー」という方法で解決しようとしています。

このような状況はちょうど家などの高額商品を購入できない人が感じる感覚と近いものです。当然のことですが家を購入するというのは「一世一代の買い物」です。おそらく普通の人は一生に1回、せいぜい数回しか家を購入するという体験はできません。ですからどうしても慎重にならざるを得ないのです。また、家ほど高額ではなくてもエステなどの効果が分かりにくいもの、形の見えないサービスなどでは、この「漠然とした不安」という心理的なブレーキがかかりやすいものです。

誰でもだまされたり、失敗することは怖いものです。特にそれが自分で決断をした結果、失敗した場合には経済的ショックに加え心理的ダメージも大きくなります。ですからいくら「いいものですよ」「素晴らしいですよ」と訴えても、その心理的ブレーキを

「結婚したくない」のは
リスクがメリットを上まわっているから

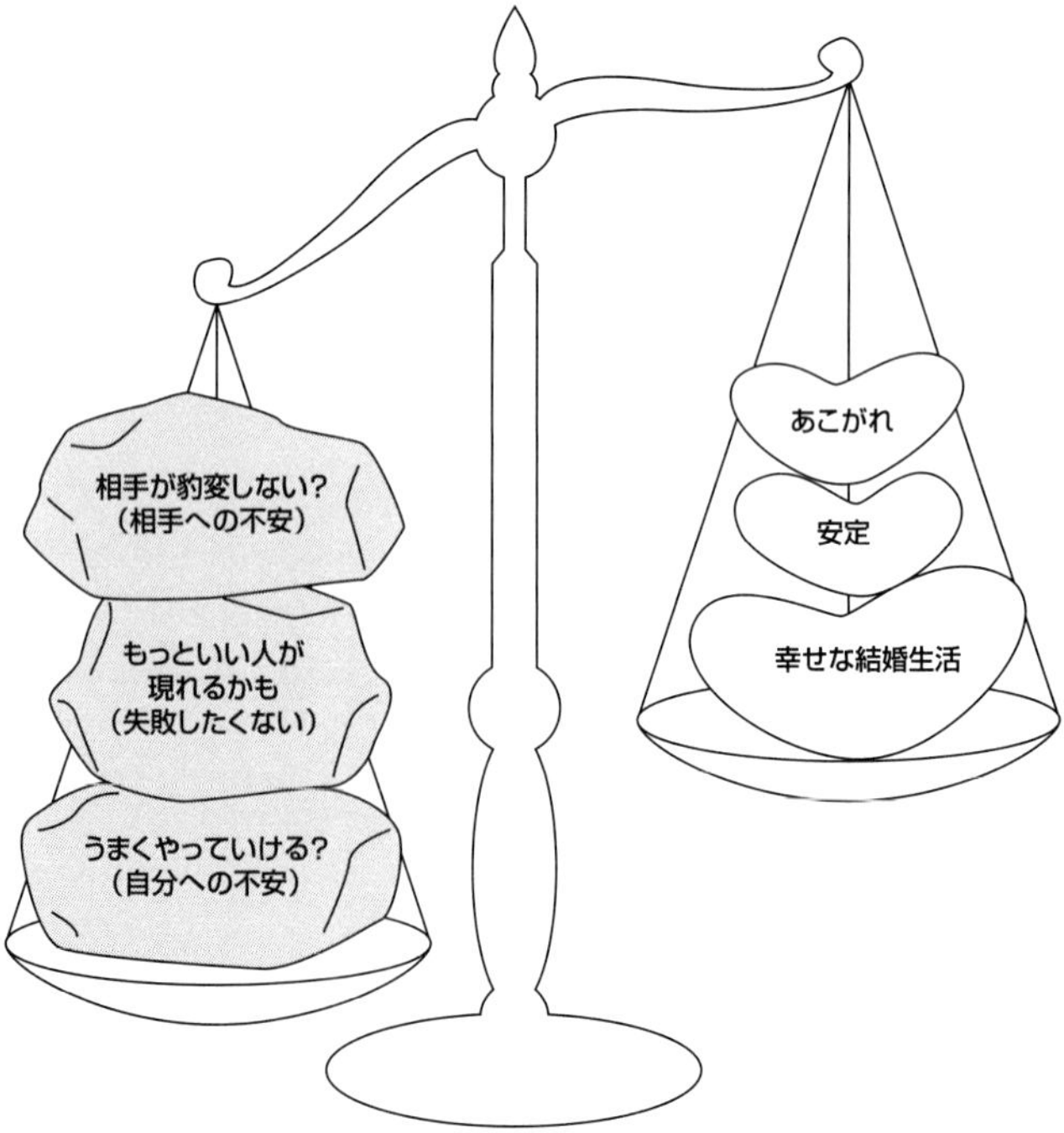

取り去ってあげなければ、アクセルを踏みながらブレーキを踏んでいるような空回りの状況になってしまうのです。

ではどうすればいいでしょう？　簡単です。「取り返しがつくように」してあげればいいのです。

よくこういう商品には「10年保証」や「気に入らなければ１００％返金」などを謳っていたり、「お試し期間」を設けていたりします。つまり「失敗した」と思ったらすぐにその失敗を取り戻せる保証をつけてあげるわけです。このカウンターオファーという失敗防止保証をつけることで、少なくても「高いお金を払って失敗する」可能性はなくなります

失敗することがない（厳密には経済的にですが）のであれば、後は残るのはメリットだけです。そうなれば心理的ブレーキがなくなるので、比較的簡単に決断できるようになるわけですね。

結婚も同じことです。実は結婚に踏み切れない人はまじめな人が多いので「失敗した

らどうすることもできない」と真剣に悩みすぎてしまうのです。極端なことをいえば「失敗したと思ったらいつでも結婚前に戻れる」という魔法のような保証を付けてあげることができれば、だれも結婚に躊躇することはなくなるはずです。

残念ながらこのような時間をさかのぼる保証はできませんが、これと似たような「オファー」をすることで相手の心理的ブレーキは格段に減らすことができます。

例えば、もし相手が「結婚がうまくいかないかもしれない」と考えているのであれば、こういう提案をしてみるのはどうでしょう？

「私も結婚がうまくいかないのはいや。だからとりあえず1年間は籍を入れずに一緒に暮らしてみたらどう？そして1年後にうまくやっていけているのであれば籍をいれ、うまくいかなければそこで別れればいいじゃない？」

ここで大切なのは「1年間」という期限を切っていることです。この期限を切らなければ結局同棲しているのとなんら代わりがありません。しかし「1年間」という期限を切ることで、1年後には確実に相手は「決断」を強いられることになるのです。

確かに1年間という期間は長いかもしれませんが、しかしこのオファーがなければ何年も結論が出ないままずるずるといってしまうかもしれません。しかし人間は「ここで決着がつく」ということが分かっていれば意外に不安にならないものです。

あなたが不安に感じてしまうのは「結婚できないから」ではなく、「いつ結論がでるかわからない」からなのです。その結論が出ることが分かっていれば、相手にいつも「いつ結婚してくれるの?」「私たちどうするつもり?」などと問い詰めることもなく、ゆったりとした気持ちで付合っていくことができるでしょう。

また、相手がもし「もっといい人が現れるかもしれない」ということを心配しているのであれば(それを平然とあなたに言えることがよいのかどうかは別として)「確かにあなたにもっと素敵な人が現れるかもしれないし、私にも現れるかもしれない。じゃあ、そのときにはお互いにそのことをちゃんと伝えるようにしない? それでどうしても別れてその人と結婚したいというのであれば、それを受け入れるということにして、とりあえず結婚しましょう」

確かにこれは「相手に突然別れを切り出される」可能性は残ります。でも、こんなカウンターオファーをしなかったとしても、実際問題は何も変わらないのです。「そんな約束をして、もし本当にそうなったらどうする？」と、もしかするとあなたは心配になるかもしれません。確かに100％返金保証をしているカウンターオファーでも、ごくまれに「返金しろ」と迫ってくる人もいないわけではないのです。

しかし、返金を求めてくる人はわずかに2～5％が普通ですが、この保証をすることによって通常何十パーセントもの「踏み切れなかったお客さんの購入」が増えるのです。あなたの場合も確かに「別れなければいけないリスク」は残ることでしょう。しかし、そのおかげで「結婚に踏み切れなかった相手」が結婚を決断することができれば、その方が結果的にはいいはずです。

そして一つだけ確かなことは「別れるべき人々は何をやったとしても別れる」のです。このオファーによって不幸にも1年後に別れなければいけなくなったとしたら、そのときは喜んで別れてあげましょう。すくなくてもあなたは「バツイチ」にならなかったのですし、世の中に男性はたくさんいるのですから

プロポーズする！　プロポーズされる！

ほとんどの場合、結婚に至る道筋で必ず通るのがこの「プロポーズ」です。

もちろん、プロポーズなどなしでそのまま結婚する人もいるでしょうが、ほとんどの場合何らかのプロポーズは必要になります。なぜなら「プロポーズ」は一種の「約束」のようなものです。結婚は一生の重大事項ですから何らかの「節目」を作ることは大切ですし、また普通私たちは「結婚に至るまでのプロセス」にも何らかのイメージを持っており、プロポーズのシーンもそこに含まれていることが多いからです。

これはちょうどレストランが単に味ではなく、雰囲気や演出が大切なのと同じことです。私たちは「何を手に入れたのか」ということもさることながら「どう手に入れたのか」ということにも知らず知らずにこだわっているわけです。

とはいえ、この「どのように手に入れたいのか」ということはあまりにも漠然としたイメージなので、私たちは普通それを意識することがありません。だからこそ相手が同じでもシチュエーションによって恋に落ちたり落ちなかったりすることがあるわけです。

南仏の海岸でふと出会ったのであれば運命の人のような気がしますが、駅前の商店街でナンパされたらどうでしょう？

そういう意味ではプロポーズは「結婚に至るプロセス」で大切な意味を感じる人が多いイベントですし、プロポーズのシチュエーションによって勢いがついて結婚に踏み切る人も少なくありません。「結婚に踏み切れない理由」でもご紹介したとおり、冷静に考えれば結婚には不安が多いものです。その不安を乗り越えて決断するにはある程度の「勢い」が必要になり、その勢いをつけるにはプロポーズも一役買ってくれるわけです。

ただ、このプロポーズに対する憧れに関しては個人差が激しいものです。

ふと「結婚してくれませんか？」といわれることが好ましいという人もいれば、「夜の遊園地を借り切って、花火が上がるなかで…」というファンタジーな感じを夢見ている人もいるかもしれません。
また、あなたがいくらファンタジーな夢を持っているとしても「そんな気恥ずかしいこと、俺はいやだ」と相手が考えているとすれば、どうしてもフラストレーションがたまります。たとえ相手がほかの方法でプロポーズしてくれたとしても、自分の夢が壊されるような気がして断ってしまうことがあるかもしれません。

この問題を手っ取り早く解決するには「あなたからプロポーズする」ことも考えてみてはどうでしょう?
相手を何とか操って自分の思うままにするよりも、自分が考え方を変えたり行動するほうが何倍も簡単です。別に「プロポーズは男性からする」という決まりがあるわけではありませんし、もしあなたが強く結婚を望んでいるのであれば、自分からプロポーズしてもいいのです。

何度もご説明しているとおり、実は「結婚できないから」苦しいのではなく「先が見えないから」苦しいのです。もし今神様が夢枕に現れ「お前は3年後に必ず結婚するよ」とあなたに告げたとしたら、たとえあなたに今恋人がいなかったとしても何も恐れることはないでしょう。

「もしかしたらこのまま一生1人かもしれない」という漠然とした不安があなたを恐怖に落としいれ、「この人とずっとこのままで、いつか別れてしまう日がくるかも」と考えてしまうのでイライラするのです。

あなたは別に受動的に待っている必要は一つもありません。

もし理由があるとすれば「それがあなたの結婚にいたるプロセスのイメージだから」なのです。

相手に"乞われて"結婚し、幸せになる。

確かにあなたにとってそれは理想的かもしれません。しかし、その考えを少し変えるだけで明日にでも状況を変えることができるのかもしれないのです。

多くの人はこのような「理想的な状況」を無意識にイメージしているため、なかなか自分の考え方を変えることができません。しかし、あなたがそれを意識すれば本当はどうでもいいこだわりなのかもしれないのです。

確かに自分からプロポーズすることで「100%理想の結婚」はできないかもしれません。しかしそれで幸せになれるのであれば「80%理想の結婚」も悪くはないのです。

しかも相手任せではないので自分で好きなように演出することができます。その分を差し引けば結局「ほとんど理想的に」結婚することもそれほど難しいことではないのです。

あなたは結婚したい。そして相手もあなたのことが好き。

あとはプロポーズを待つだけ…

そんな状況でいったい何を待っているのですか？　あなたの手で幸せをつかみ取りましょう。あなたからプロポーズすることは「自分の手で幸せをつかむ」ことにもなるのです。

ジミ婚に？　それともハデ婚に？

いよいよ結婚が決まった！　こうなると考えなければいけないのが「結婚式」です。

最近はいわゆる「ジミ婚」といわれるごく親しい友人や身内だけで結婚式を挙げる人が増えています。確かに結婚式で初めて会うような遠い親戚や、あまり2人には関係ないのに義理で呼ぶ仕事関係の人などは、気を遣うだけで別に呼びたくもないでしょうし、呼ばれた方もちょっと迷惑かもしれません。

また、商業ベースに乗った派手な演出や、ほんの2時間程度で用済みになってしまう席順表などのために高額な料金を支払うのであれば、これから始まる2人の生活のためにそのお金を使いたいと思うのも当然のことでしょう。確かに本当に親しい人たちだけに祝福してもらい、アットホームな感じで結婚式をすることはいいことです。しかし、一概に「豪勢で派手な結婚式が悪い」とも言い切れません。それは「逆戻り防止」の働きがあるからです。

結婚すると2人の生活は一変します。いくら今まで仲が良かったからといっても同棲でもしていない限り24時間365日ずっと一緒に暮らしていたわけではありません。また、たとえ同棲していたとしても今まではあくまで「彼女」「彼氏」という立場であり、それが夫婦となると自ずと考え方が変わってくることもあるのです。

さらによく言われるように結婚することは単に2人が一つの家庭を作るというだけではなく、お互いの両親や親戚との付き合いが始まるということでもあります。特に2人が違う地方や文化圏に暮らしてきたとなれば考え方や価値観、付き合い方が違うのも仕方がないことなのです。

ですから結婚して最初の1年はどうしても苦労を強いられるのも無理はありません。何せすべてが初めてのことなのですから、慣れずに失敗することや2人で暮らすデメリットが目についてしまうのです。こうなると「ああ、やっぱり独身の方が楽だったな」と感じてしまうことでしょう。確かにに独身の方が誰にも気を遣わずに自分のやり方を押し通すことができます。いつ寝ていつ起きても誰も文句を言いませんし、自分1人なら「まあ、いいや」と思えることでも相手が許さないということもないわけではありません。

ですからこの時期に大きな喧嘩をしてそのまま離婚に発展してしまう人も少なくありません。そして、結婚式をそれほど大げさにやっていなかった人たちは、そのまま「ひっそりと」離婚することもそれほど難しいことではないのです。

つまりこの場合は選択肢として「このまま離婚する」「結婚生活を改善する」という二つなのですが、結婚生活を改善するよりも離婚する方がはるかに簡単なわけです。その結果「たぶん相性があわなかったのだ」という結論になり離婚を選択してしまう可能性が高くなるのです。

「何が何でも結婚生活を続けるべきだ」とまでは言いませんが、反面「絶望は愚か者の結論」ということばもあります。最初は上手くいかなくても何とか2人のずれを修正し新しい家庭を作っていく努力をしなければ、たとえ相手が替わっても少しでも上手くいかなければ、また「相性の問題」になってしまうからです。

しかし結婚式である程度周囲に公表してしまっていれば、なかなか簡単に離婚することはできなくなります。なぜならばすでに周囲の人は結婚していることを知っているので、秘密裏に離婚することはかなり困難なのです。離婚したとなればそれを知られると恥ずかしいという人も少なくないでしょうし、大げさなセレモニーをしてしまった手前「やっぱり失敗しました」とはなかなか言いにくいわけです。

こうなると「このまま離婚する」という選択肢はかなり難しいものになります。もちろんどうしようもない場合もあるでしょうが、まずは「結婚生活を改善する」という方向でなんとか問題を解決しようとしていく努力をするようになるのです。

当然のことですが根本的な価値観の違い、DVや浪費癖などそもそも結婚生活を維持していくのが難しい問題を抱え込んでしまうこともあるでしょう。その場合は離婚を考えるのは仕方がないことです。

しかし、いわば「結婚生活初心者」の間に問題が起こることはある意味当たり前だともいえます。だれもが自転車に一発で乗れるとは限りません。しかし、何度か転んだからといって「私は自転車に向いていないのだ」と考えてしまっては、いつまでたっても自転車には乗ることができないのです。

よく「有言実行」といって自分が決めたことを周囲に公表して、自ら退路を断って実現しようとする人がいますが、そういう意味では結婚式も同じような効果があるといえます。言い換えれば結婚式は多くの人が「結婚生活から逆戻りしないように送り出す」儀式でもあるわけです。

特に男性は独身生活と比べると結婚後の方が不自由を感じる人が多いものです。彼の考えが逆戻りすることを避ける意味でも、結婚式を派手めにやってみることも悪い方法ではないかもしれませんね。

セレモニーは時に「逆戻り防止装置」になることがある

この章のまとめ

- 別れと上手く付き合おう

- あなたに残された日はそれほど長くない。見込みのない人に固執するのはやめよう

- 「もう少しだけ」とずるずると頑張るよりも、「この日まで」と決めて頑張ろう

- 結婚に漠然とした不安を持つのはやめよう。あなたはいつからでもやり直せる

- 結婚するのが怖いなら「お試し期間」を設けよう

- 結婚を決断する日程を決めよう

- 大切なのは「幸せな結婚生活」で、「どうやって結婚したか」ではない

- あなたが結婚を望むなら、自分からプロポーズしてもかまわない

- 結婚を上手くいかせたいなら派手に結婚式をして退路を断とう

- 違う環境で育ったのだから、はじめから結婚生活は上手くいかない。お互いを理解するように努力しよう

エピローグ

epilogue

先日、飛行機の中で偶然に「最後の恋の始め方（原題：Ｆｉｔｃｈ）」という映画を見ました。

ウィル・スミスが演じる主人公は「恋愛ドクター」としてある男性の恋を応援するのですが、彼の仕事が思わぬ誤解を受けて、まるで「女性の心を操るナンパの仕方を教える人」のように扱われてしまいます。そんな非難を受けるなか彼は人々に向かって叫びます。

「僕はただ上手く出会うことができない人を手助けしているんだ。だって、それを必要としている人が多いから」

具体的な台詞は忘れましたが、そのような意味のことを彼は言います。そしてその言葉に私も大きくうなずいてしまいました。まさにそのとおり、たとえその人がどれだけ素敵な人でも、それを上手く知らせることができて恋愛に発展することができなければ何の意味もないのです。

この本はいわば一種の「結婚に至るノウハウ」を紹介した本です。人によっては恋愛や結婚など、人間の愛情に関するものを、技術やテクニックで何とかしようと思うなんて非人間的な考えだと思う方もいらっしゃるかもしれませんし、「人間の心なんてそんな簡単なものではない」と反駁する方もいらっしゃるかもしれません。

しかし、残念ながら「愛情がありすばらしい人であれば幸せな結婚ができる」のかといえば、そうでもないと思います。私から見れば人間的にも素晴らしく魅力的な女性でも、相手に恵まれず結婚できずに悩んでいる方もたくさんいるのです。

確かにテクニックだけではどうすることもできない部分もたくさんあります。この本に書かれていることをそのまま実践しても、上手くいかないことだってたくさんあるでしょう。けれど「マーケティング」というツールを上手く使うことで、不器用だけれど愛情にあふれた素晴らしい人が、効率よく素敵な人と出会い、結婚することができることもあるのです。

技術と感情、これは常に相反するものとして取り上げられるものです。しかし、実際にはこの両方のどちらかが欠けても物事は上手くいかないのです。これはちょうどいくらマーケティング技術が優れていても、結局は素晴らしい商品でなければ「ヒット商品」になれないのと同じことかもしれません。

良い商品であることは絶対の条件です。素晴らしく魅力にあふれ、持っている人が喜びと幸せを感じることができる商品でなければ、最終的には人の心をつかむことはできません。けれど、その「素晴らしさ」を広く人々に知らせ、その良さを「わかりやすく」伝えるためには、やはりマーケティングを上手に行う必要があります。これはちょうど車の両輪のように、どちらかが欠けても成り立たないものなのです。

プロローグで書いたようにマーケティングは「あなたの前にお客さんを運んでくる」技術だといわれています。あなたの前に素敵で、あなたの良さを理解できる人を連れてくるまではこの本でお手伝いできることでしょう。しかし、最終的にその人と幸せな結婚生活を送るためには、あなたの愛情が必要なのです。

もう一度繰り返しましょう。あなたは結婚で悩む必要はひとつもありません。あなたに必要なのは「より多く、高い確率で」あなたに必要な人を見つけることなのです。そしてそれはあなたの魅力や人間性とはまったく関係のないことなのです。

あなたが素敵な人と結婚して幸せになれることを心から祈っています。そして決して諦めないでください。あなたの幸せは逃れられない運命や過去の体験とは関係ありません。

あくまで「確率の問題」なのです。たかが「確率の問題」なのですから。

雨村幸親

参考文献

●ザ・ゴール ―企業の究極の目的とは何か― ●ダイヤモンド社
エリヤフ・ゴールドラット（著）

●脳はなぜ「心」を作ったのか―「私」の謎を解く受動意識仮説― ●筑摩書房
前野 隆司（著）

●単なる知り合いが顧客に変わる本― ●祥伝社
ティム・テンプルトン（著）

●覚える技術― ●翔泳社
アルベルト・オリヴェリオ（著）その他

●ビーイング・デジタル ―ビットの時代― ●アスキー
ニコラス・ネグロポンテ（著）

●ティッピング・ポイント
―いかにして「小さな変化」が「大きな変化」を生み出すか―●飛鳥新社
マルコム・グラッドウェル（著）

●ハイパワー・マーケティング―●インデックス・コミュニケーションズ
ジェイ・エイブラハム（著）

●オズの実践トレード日誌
―全米ナンバーワンデイトレーダーの記録公開―●パンローリング
トニー・オズ（著）

●「紫の牛」を売れ！―●ダイヤモンド社
セス・ゴーディン（著）

●パーミションマーケティング―ブランドからパーミションへ―●翔泳社
セス・ゴーディン（著）

●バイラルマーケティング―●翔泳社
セス・ゴーディン（著）

●生き残りのディーリング――●パンローリング
矢口　新（著）

●売り込まなくても売れる！　――説得いらずの高確率セールス――●フォレスト出版
ジャック・ワース（著）

●書きながら考えるとうまくいく！
――プライベート・ライティングの奇跡――●ＰＨＰ研究所
マーク・リービー（著）

●新ネットワーク思考　――世界のしくみを読み解く――●ＮＨＫ出版
アルバート・ラズロ・バラバシ（著）

雨村幸親（あまむら　ゆきちか）

1966年石川県金沢生まれ
15歳からコンピューターを始め、主にインターネットを利用した集客とマーケティングを行う会社を経営するかたわら、もともと趣味でやっていたタロットリーディングが口コミで評判を呼び、のべ一万人近くの結婚や恋愛のカウンセリング／リーディングを行ってきた。この体験で見つけた「なぜか結婚できない人」の共通点や問題点を、本業のマーケティングの技法を使い解決する方法を編み出す。結婚や恋愛の問題を「理詰めで解決」するエキスパート。
●関連URL:「彼女はなぜ結婚できたのか」公式サイト
http://www.kekkonmarketing.com/

彼女はなぜ結婚できたのか？
出会いの秘密がわかる結婚マーケティング

2005年11月15日　初版第一刷発行
2009年4月20日　第二刷発行

著　者――雨村幸親
発行者――大賀　勉
発行所――株式会社芸文社
〒170-8427
東京都豊島区東池袋3-7-9
TEL03-5992-2051（販売部）
装　丁――永沼デザイン事務所
印　刷――三晃印刷株式会社

ISBN4-87465-795-8　C0076